MOSER · ABENTEUER ISLAND

ACHILL MOSER

ABENTEUER ISLAND

Expedition in Eis, Lavawüste und Wildwasser

PIETSCH VERLAG STUTTGART

Einbandgestaltung: Siegfried Horn, unter Verwendung zweier Dias des Autors.

ISBN 3-613-50028-0

2. Auflage 1991

Satz und Druck: Röhm-Druck, 7032 Sindelfingen.
Buchbinderische Verarbeitung, Spiegel-Buch GmbH, 7900 Ulm.
Printed in Germany.

Inhalt

Die menschenleere Wildnis Islands,
die Anstrengungen und Gefahren ohne Maß,
das Alleinsein ohne Zärtlichkeit,
das Leben in Dreck, Schweiß und Kälte,
haben mir einmal mehr gezeigt,
daß die Welt vom Herzen
und nicht vom Hirn regiert werden muß.

ACHILL MOSER

Vorwort

Jedermann kennt die großen Wüsten Afrikas, Asiens, Nordamerikas und Australiens. Daß aber auch Europa, nämlich Island, eine der größten Wüsten der Erde besitzt, vergegenwärtigen sich nur wenige.

Meist stellen wir uns unter einer Wüste weite, von Steinen oder Sandmassen bedeckte Flächen vor, in denen nicht das kleinste Hälmchen wächst und keinerlei Tiere leben. Doch solche jeden Lebens bare Gebiete sind äußerst selten: denn dank ihrer großen Anpassungsfähigkeit haben Lebewesen selbst Zonen besiedelt, die uns unbewohnbar erscheinen.

Auf Island allerdings findet sich eine der merkwürdigsten Wüsten der Erde, in der jede Spur von Leben zu fehlen scheint.

Am Nordrand des isländischen Vatnajökull, eines Gletschers, der die irreale Kulisse eines Science-fiction-Films abgeben könnte, beginnt eine men-

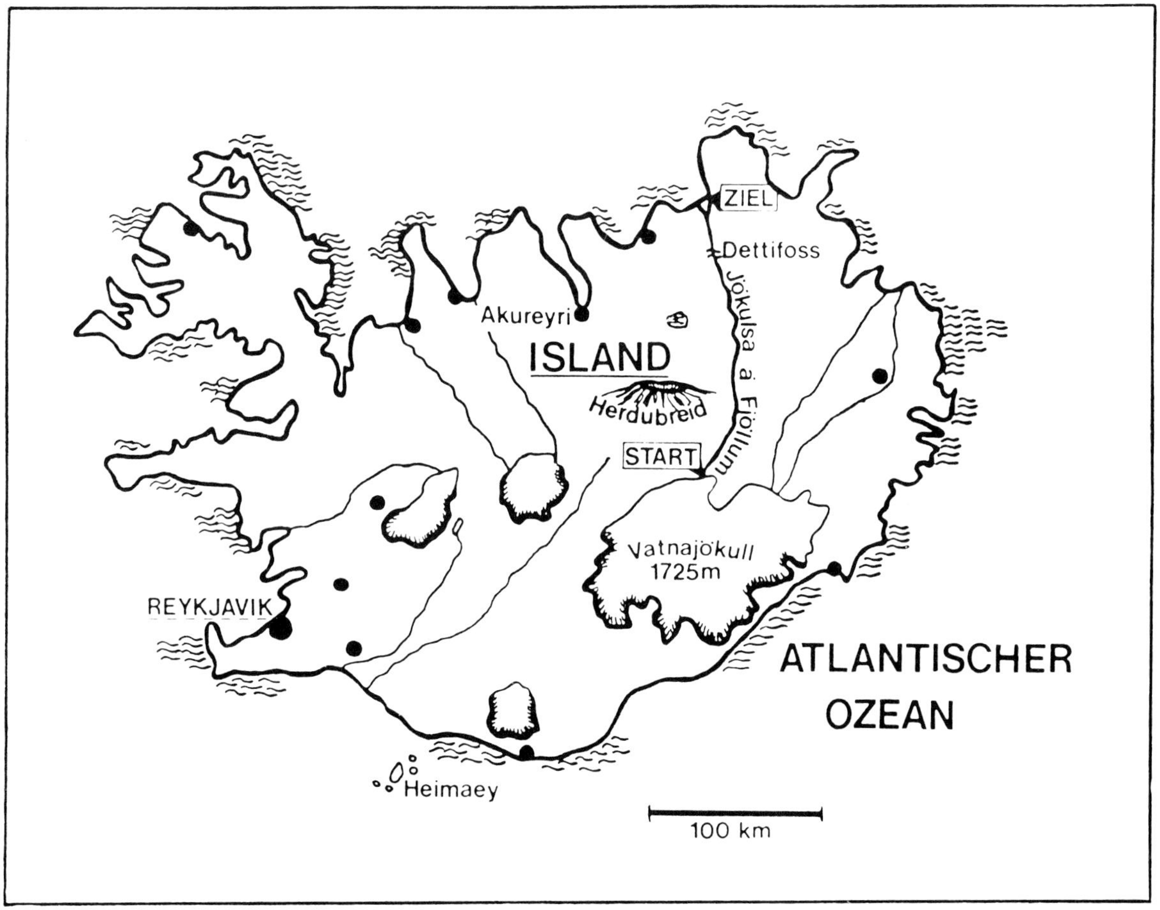

schenleere Wildnis, in der kein Baum wächst und kein Strauch.

Dieses, mit 4550 Quadratkilometern größte Lavafeld der Welt, trägt den Namen ›Odadahraun‹ – »Wüste der Missetäter« – eine vulkanische Region, in der sich einst Vogelfreie verbargen.

Zu zweit wagten wir, was bisher immer gescheitert war: mit einem Faltboot den wilden Gletscherfluß Jökulsá á Fjöllum zu befahren, von seiner Quelle bis zur Mündung im Arktischen Ozean.

Auf dem Weg zum Vatnajökull durchquerten wir schwerbepackt die schwarze, von Kraterburgen übersäte Mondlandschaft der ›Missetäterwüste‹, die als unbewohnbar gilt.

Während dieser Tage fühlten wir uns gelegentlich wie Raupen, die in einer grenzenlosen Weite krochen. Je mehr wir uns dieser Natur im Zustand ihrer Erschaffung anvertrauten, desto geheimnisvoller wurde sie. Je weiter wir zu Fuß oder per Boot in die ungebändigte Region vordrangen, desto schwieriger wurde es, die gewaltigen Eindrücke zu verkraften.

Zuweilen fragten wir uns auf dieser Bühne nordischer Mythologie, woran wir uns erinnerten, wenn wir in unsere angestammte Welt zurückgekehrt sein würden? An die Stille? Oder an den heftigen Wind? Vielleicht an das Rauschen des Regens? Oder an das weg- und steglose Lavalabyrinth? An die reißenden Wassermassen des Jökulsá á Fjöllum? An die skurrilen Eistürme des Vatnajökull? Oder an eine Region, in der nie eine Blume blüht?

Am entscheidendsten aber war dies: Das Leben unter freiem Himmel hat uns die Augen geöffnet zu unterscheiden, was wichtig und unwichtig ist. Das Wichtige ist das Elementare. Häufig waren wir dankbar für einen Schluck heißen Tees oder einen Fladen Brot, manchmal genügten ein zerlesener Brief oder ein paar aufmunternde Worte.

I. Teil:
Reisebericht

1. KAPITEL

Am Eisbruch des Vatnajökull

Daß man wird, was man ist, setzt voraus, daß man nicht im entferntesten ahnt, was man ist.

FRIEDRICH NIETZSCHE

Irgendwann in der Nacht machte sich der Wind auf. Er hatte auf Nordwest gedreht und mächtig aufgefrischt. Mit anschwellendem Geheul stürzte er vom Eisbruch herab und brachte die strenge Kälte des Gletschers mit. Tieffahrend flog er über das ungeschützte Land und rüttelte heftig am Zeltgestänge. Die grünen Kunststoffhäute des Biwaks blähten wie Ballons auf, um im nächsten Augenblick brutal zusammengequetscht zu werden. Feine Eiskörner kratzten auf dem Perlongewebe und ließen uns erschaudern. Die Temperatur sank weit unter den Gefrierpunkt und würde bis zum Morgengrauen noch um die zehn Grad tiefer fallen. Wehrlos kauerten wir in unserem frostigen Zuhause in den Schlafsäcken. Keiner wagte sich hinaus.

»Der Gletschersturm ist heute viel früher da«, sagte Christopher. »Der Windmesser zeigt 60 Stundenkilometer. Hat 'ne ganz schöne Fahrt drauf, der Bursche!«

»Wenn der Sturm anhält, können wir einpacken«, überschrie ich mit einem unguten Gefühl das Heulen des Windes.

»Bei diesem verfluchten Wetter ist es unmöglich den Gletscher zu besteigen.«

»Abwarten«, meinte Christopher. »Es kann ja nicht ewig so bleiben. Wir müssen uns nur gedulden.«

»Warten, immer nur warten. Es ist zum Verrücktwerden!« Der psychische Druck, der entsteht, wenn man zur Untätigkeit verdammt ist, machte uns arg zu schaffen. »Was wird, wenn unsere Lebensmittel knapp werden? Schon in zwei bis drei Wochen müssen wir die Verpflegung rationieren.« Und mit einem Mal war ich mir gar nicht mehr so sicher, daß unser Proviant reichen würde, und daß wir die für unser Unternehmen festgesetzten Tagesetappen einhalten konnten.

»Vielleicht haben wir ja morgen besseres Wetter«, ermunterte mich Christopher, als eine kräftige Böe die Zeltwand über unseren Köpfen niederdrückte.

Der Sturm schwoll auf Orkanstärke an und schien zu meinen, er könnte mit allem, was sich ihm in den Weg stellte, herumspielen. Wenn es nach ihm und seiner Kraft gegangen wäre, wir wären in die Luft gehoben und mal hierhin, mal dorthin getragen worden.

Unser sturmumjagtes Biwak stand mitten im isländischen Hochland, am Nordrand des kalbenden Gletschers Vatnajökull, und war nach allen Seiten hin den Elementen preisgegeben. Wie tobsüchtig brausten die Böen heran und ließen die Zeltwände unentwegt knattern.

In jener windzerfetzten Nacht – Ende Juni 1983 – gab es neben Sturm und Nebel noch ein weiteres Problem, das unser Unternehmen gefährdete: Vor ein paar Tagen hatte unsere Vorfreude auf die Besteigung des Vatnajökull – mit 8456 Quadratkilometern der größte Gletscher Europas – einen Dämpfer erhalten: Die Grimsvötn, ein vulkanischer Herd unter dem Eis und seit 1934 nicht mehr aktiv, waren ausgebrochen. Die Eruption des 1659 Meter hohen Vulkans hatte eine 300 Meter dicke Eisschicht durchdrungen. Alle zehn Minuten spien die Grimsvötn Asche 500 Meter hoch in den Himmel.

Und diesen explosionsgefährdeten Eispanzer wollten wir besteigen – denn der Dyngjujökull, eine

Gletscherzunge des Vatnajökull, ist nämlich das Wasserreservoir und die Quelle des Jökulsá á Fjöllum, des ›Gebirgsflusses auf den Bergen‹. Mit 206 Kilometern ist er Islands zweitlängster Fluß, der sich quer durch die urweltliche Region Odadahraun windet. Und diesen ungestümen Wildwasserfluß planten wir in einem leichten Faltboot zu befahren. Doch zuvor galt es, die ›Wüste der Missetäter‹ zu durchwandern. Kein einfaches Unterfangen, wenn man 30 Kilogramm schwere Rucksäcke und ein ebenso gewichtiges Faltboot schleppen muß.

Auf technische Hilfsmittel wollten wir auf unserem Weg verzichten – folglich mußten wir ohne Funkgerät auskommen. Die Nabelschnur zwischen uns und der Zivilisation sollte gewissermaßen durchschnitten sein.

Fröstelnd kroch ich aus dem Schlafsack und hatte alle Mühe, den Eingang des Zeltes zu öffnen. Es war, als hielt ihn jemand von außen zu. Und als ich schließlich im diffusen Licht aus dem Biwak lugte, sprang mich der Wind sofort grimmig an. Die Erde hatte ihren Halt verloren. Aschestaub wirbelte heran. Ich spürte den Tränenschleier, der sich flatternd über die Augen legte. Und es dauerte einige Augenblicke, bis ich wieder klar sehen konnte.

Das Wetter hatte dramatische Züge. Mächtige Nebel- und Wolkenbänke, ungewöhnlich schwer und dick, türmten sich übereinander. Die Sicht war auf wenige Meter beschränkt.

»Die Waschküche des Teufels«, meinte Christopher und hatte damit gar nicht so unrecht. Nirgends konnten wir etwas erkennen, eine Orientierung nach markanten Punkten im Gelände war unmöglich.

Graues Nichts umhüllte uns. Und das Schlimmste war noch nicht einmal der Sturm, das Heulen oder die Verschmelzung im Nebel – wirklich schlimm war das aufsteigende Gefühl der Beklemmung, das noch verstärkt wurde durch den völligen Verlust jeglicher Orientierung. Die Sinne – Augen, Ohren, Haut und Nervenenden – brauchen Maßstäbe, nach denen wir uns ausrichten können. Ohne diese Orientierungsmöglichkeit wird der Gleichgewichtssinn empfindlich gestört.

Doch im Augenblick gab es für uns weder nah noch fern, weder hoch noch niedrig. Es gab nur wabernde Grauschleier. Und wir fühlten uns wie auf dem Grund eines milchig-grauen Meeres.

Vollkommen übermüdet verkroch ich mich wieder in meinem Schlafsack, schloß die Augen und versuchte den Atemrhythmus zu verlangsamen. Ich wollte schlafen, abschalten, das Getöse des Sturms ignorieren.

Es ging nicht.

Die Nerven hatten in den letzten Tagen doch erheblich gelitten. Ich fand keine Ruhe, ebenso wie Christopher, der sich neben mir unruhig in seinem Schlafsack hin und her wälzte.

Ich blickte zu ihm hinüber, konnte ihn aber nicht sehen. Zu vollkommen war die Dunkelheit, undurchdringlich und grenzenlos. Nur die ruhigen Atemzüge meines Freundes hatte ich trotz des Getöses immerzu im Ohr. Lauter als gewöhnlich, drängte sich sein Atmen in meine Sinne. Und es erschien mir, zwischen dem unheilvollen Dröhnen, als ein Geräusch der Ewigkeit.

Dann wurde es aber so dünn, daß ich glaubte, im nächsten Augenblick würde es abreißen. Doch ich klammerte mich an dieses Atemgeräusch und niemals ging es ganz verloren. Es war für mich der Faden, den ich in der Finsternis festhielt – bis ich ganz allmählich in die Welt der Ruhe, des Schlafs hinüberglitt, um nach einer Weile wieder aufzuschrecken. Ich schaute auf die Uhr. 1 Uhr, 1.30 Uhr, 2.30 Uhr, 3 Uhr . . .

Unversehens entluden sich tiefe Wolkenbänke. Es fing an zu regnen. Schwere Tropfen prasselten auf das Zelt und übertönten sogar das Brüllen des Sturms. Wasserfluten fegten mit dumpfem Rauschen über uns hinweg. Die Natur war in furchtbarem Aufruhr. Das Land schien zu ertrinken.

Donner rollte, ein schrecklicher, furchterregender Donner, der durch Mark und Bein drang. Es pochte in meinem Kopf; mir dröhnten die Ohren, daß ich sie mir fest zuhielt und mich im Schlafsack ganz klein zusammenrollte.

»Jetzt auch noch ein Gewitter!«

Aber nirgends züngelten Blitze oder bläuliche Flammenbänder durch den verhangenen Himmel. »Das Krachen kommt bestimmt vom kalbenden Gletscher«, vermutete ich, als uns eine weitere durchdringende Kanonade erschrocken zusammenzucken ließ.

»Das hört sich wie eine Explosion an . . .«

»Das sind Eisbrocken, die von der Gletscherwand brechen.«

»Meine Güte, hoffentlich geht das nicht die ganze Nacht so weiter«, schrie Christopher. Dann wurde seine Stimme schwächer, entfernte sich. Seine Worte wurden vom hysterischen Gebrüll des Gletschers zerstückelt: »Ich – würde – mich – gar nicht wundern, wenn – jetzt – der Vulkan – losbricht!«

Es war der Augenblick dazu, so etwas zu sagen.

Grübelnd und angespannt lagen wir wach. Das schlaflose Dahindämmern wurde zur zermürbenden Tortur. Wie sollten wir auch schlafen, wenn unsere Phantasie mit den Gefahren spielte, die da draußen in der lärmenden Dunkelheit auf uns warteten: Das ewige Eis mit seinen tückischen Spalten und Rissen, Lawinen, Nebel, Sturm, und: Konnte sich nicht die Glut im Erdinnern wieder regen? Konnten nicht die Grimsvötn jederzeit wieder ausbrechen? Wenn der Vulkan richtig loslegte, würden die mächtigen Eiszungen unter der Hitze dahinschmelzen und eine Sturzflut auslösen. Was dann? Mehr und mehr kamen alle Arten von sublimierten Ängsten an die Oberfläche.

Der neue Tag drängte sich mit Donnergrollen in mein Bewußtsein. Der Gletscher! Nicht aufwachen, nicht das Getöse des Eisbruchs hören! Die Wirklichkeit unterdrücken! – Meine Gedanken glitten davon und ich trieb an den Rändern des Schlafs.

Als ich auf die Armbanduhr schaute, war es fünf Minuten vor sechs. Christopher gab noch keinen Muckser von sich. Er schlief tief und fest.

Leise pellte ich mich aus dem Schlafsack. Unruhe und Neugierde trieben mir die bleierne Schwere aus dem Körper. Wie sah wohl das Wetter aus? Etwas Drängendes, Dringliches zwang mich nach draußen.

Ich raffte mich auf, streifte die Daunenjacke über, zog den Reißverschluß des Biwaks auf, und trat steifbeinig vor das Zelt – in die unwirtliche Außenwelt.

Eisiger Wind biß mir ins Gesicht und ließ die Augen tränen. Hartnäckiger Nieselregen verwischte die Konturen der Landschaft. Unheilverkündende Farbschattierungen wechselten von Augenblick zu Augenblick am Himmel. Eben noch schimmerten die Wolkenbänke im Süden anthrazitgrau, nun waren sie blauschwarz und hingen so tief, daß man glaubte, sie stürzten zu Boden. Nur ein fahles Weltuntergangslicht brach durch das Gewölk. Das Wetter war um keinen Deut besser geworden. Der Tag, den wir uns sonnig, klar und windstill vorgestellt hatten, war düster und verregnet.

Sorgenvoll schaute ich zum Dyngjujökull hinauf, der in einer endlosen, grauen Suppe schwamm. Hinter dem milchigen Grauschleier krachte und dröhnte es. Manchmal hörten wir es zischen und gurgeln, manchmal klang es wie das tosende Grollen einer fernen Brandung. Die Geräusche, kein Zweifel, stammten von dem kalbenden Gletscher, aber ich konnte ihn nicht sehen.

Enttäuscht kroch ich wieder in die Geborgenheit des Zeltes. Christopher war inzwischen wach geworden. »Na, wie sieht's aus?«, fragte er.

»So ein Scheißwetter! Der Dyngjujökull ist nicht zu sehen. Dieses launische Wetter macht unsere ganzen Pläne zunichte«, sagte ich und bemerkte den seltsam verdrossenen Ton, der aus meiner Kehle kam.

»Dann wird's heute wieder nichts mit unserem Aufstieg?« »Wahrscheinlich nicht!« Denn zur

Durchführung unseres Vorhabens brauchten wir das Wohlwollen der Natur, die oft ungezähmt, widerspenstig und dominierend war. Dominierend?

In der sogenannten Zivilisation hat die Natur größtenteils den Kampf gegen den Fortschritt verloren. Wir haben stetig an Realitäten gewonnen, aber auch an Illusionen verloren.

Wir benötigen eine neue Art von Verständnis, um zu lernen, den Sinn natürlich gewachsener Strukturen zu erkennen und zu akzeptieren, ohne jenes vermeidlich zwanghafte Bedürfnis, alles verändern, umkrempeln und neu entwerfen zu müssen. Wir sind verpflichtet, die Augen zu öffnen, um zu sehen, daß die Natur ohne den Menschen leben kann, der Mensch aber nicht ohne die Natur.

Wir machten Frühstück und aßen Haferflocken. Der Tee, obwohl ziemlich stark, tat uns gut. Schweigend schlürften wir eine Weile, als erstes Dämmerlicht durch die Zeltwände drang. Der Morgen brach an und die ungewöhnlich finsteren Stunden der sonst so hellen Mitternachtssonne waren vorüber. Abermals öffneten wir den Zelteingang einen Spalt und spähten nach draußen: Instinktiv wartete ich auf ein Geräusch, das ich nicht mehr hörte, das mir aber fehlte. Es dauerte einige Augenblicke, ehe ich begriff, daß der Wind nicht mehr blies. Kein Luftzug war zu spüren. Es war stiller als still. Die platzenden Regenwolken waren verschwunden, und ein tiefer Frieden machte sich breit. Welche Erlösung, endlich das Sonnenlicht zu sehen! Es sickerte durch den dünnen Nebel und glitzerte in der bläulich schimmernden Gletscherwand, wo sich dräuende Eiszyklopen in den Himmel erhoben.

»Was für ein Anblick!« Über allem lag eine fremdartige, rauhe Schönheit, die uns faszinierte. Es war, als sollten wir für die bislang erlittene Unbill entschädigt werden.

Monatelang hatten wir geglaubt, vom Wundersamen dieser Wildnis ausreichend genug gehört und gelesen zu haben. Aber nun selbst hier zu sein, das war schon eine Sache für sich.

Unmöglich, sich gegen diese Übermacht der Bilder zu wehren: Alles war von einer allgewaltigen Natur geprägt.

Besonders imposant war das Gletschermassiv, das einer riesigen Straße glich, an deren Seiten sich Bergkämme mit Türmen, Scharten und Zacken hinzogen. Wir hatten das Gefühl, im Himalaya oder Karakorum zu sein, im Gebiet der Achttausender, obwohl der Gipfel des Vatnajökull nur knapp 2000 Meter erreicht.

Unvermittelt spürte ich eine Art von Vertrautheit. Es war, als kehrte ich an einen längst vergessenen Ort meiner Kindheit zurück. Völlig verrückt! Vermutlich klingt das sogar nach Klischee, aber so empfand ich: da war der zerrissene Gletscher mit seinen phantastischen Mauern und Rinnen; da war der Quellsee des Jökulsá á Fjöllum, auf dessen grünschimmernder Oberfläche Eisblöcke schwammen; da waren die wabernden Nebelschwaden, die sich aus dem Wasser hoben und an den funkelnden Wänden hinaufkrochen – und da war der strahlend blaue Himmel, der in die Endlosigkeit fächerte – déjà vu.

»Das ist wirklich total verrückt!« rissen mich Christophers Worte aus den Gedanken. »Eben noch ärgert man sich über den verdammten Regen, und nun brechen wärmende Sonnenstrahlen durch die Wolken. Die Isländer haben mit ihrer Weisheit schon recht: ›Wenn Ihnen das Wetter bei uns nicht gefällt, warten Sie doch bitte ein paar Minuten‹.«

In der Tat ist diese Redensart für die raschen Wetterwechsel über Island zutreffend, denn die wechselnden Wetterlagen sind eine Folge des ständigen Kampfes zwischen tropischen und polaren Klimaelementen, der sich über der nordatlantischen Insel abspielt: Da der warme Golfstrom die von Norden immer wieder vorstoßenden polaren Meeres- und Luftströme daran hindert, das ganze Land mit einer Eisdecke zu überziehen, wie das im benachbarten Grönland der Fall ist, kann sich in kürzester Zeit eine düster beengende Gegend in eine liebliche, sonnenbeschienene Landschaft verwandeln.

»Ich bin gespannt, ob sich das Wetter hält«, sagte Christopher skeptisch. »Irgendwie traue ich diesem Sonnenschein nicht... aber trotzdem sollten wir einen Gletscheraufstieg wagen.«

Ich nickte kurz, mehr aber nicht, denn es war einer jener Momente, in denen man sich zu beklommen fühlt, um zu sprechen. Man hat Angst vor der eigenen Stimme. Und diese Angst war nur durch Handeln zu ertragen.

Fieberhaft packten wir die Rucksäcke mit dem Notwendigsten: Seile, Schlafsäcke, Iso-Matten, Proviant, Notapotheke und natürlich die Kamera-Ausrüstung. Und mit einem Male waren alle beklemmenden Momente der Gefahr, die wir uns in der Nacht vorgestellt hatten, wie weggeblasen. Das Krachen der Eistürme, das Zerbersten des Eispanzers, die wilden Sturmböen, der dichte Nebel oder was immer auch kommen würde, alle Zweifel und Befürchtungen flossen hinweg.

Zuversichtlich schritten wir voran und näherten uns der funkelnden Gletscherbarriere des Dyngjujökull, auf deren zerrissener Kruste die Schöpfung noch am Werk war: Alle paar Minuten rissen Lawinen neue Rinnen, brachen Eismauern ein, öffneten sich Spalten, in deren Tiefe Schmelzwasserströme zum Gletscherrand rauschten.

Irgendwie erschien mir alles zu phantastisch, um wahr zu sein, ein Traum, eine Sinnestäuschung, und ich mußte an den Augenblick zurückdenken, wo mir die Idee zu diesem isländischen Abenteuer gekommen war.

Begonnen hatte es auf einer ganz anderen Reise: Damals, vor einem Jahr, war ich mit dem Zug in Richtung Frankreich unterwegs und wollte in der Provence Urlaub machen. Nach stundenlanger Fahrt verließ ich das Abteil, um mir ein wenig die Beine zu vertreten. Ich ging auf den Gang hinaus, wo alle Geräusche der Fahrt noch stärker nachhallten.

Der Zug flog fast, und das gleichmäßige Sausen kam mir schon wie Stille vor. Das Fenster bot mir die Gesellschaft meines Spiegelbildes; der gewohnte Umriß, jedoch mit einem flüchtigen Gesicht. Draußen jagten abgebrannte Stoppelfelder vorbei. Überall verkohlte Erde.

»Eine gespenstische Landschaft, was?« Ich schaute mich um und sah einen Mann mit wettergegerbtem Gesicht und braunem Cordanzug, der mit einer Zigarette in der Hand aus dem Nachbarabteil getreten war.

»Haben Sie vielleicht Feuer?«

Ich nickte und reichte ihm eine Schachtel mit Streichhölzern.

Er zündete seine Zigarette an, nahm einen tiefen Zug und pustete den Rauch genußvoll gegen die schmierige Fensterscheibe. »Die Erde dort draußen sieht wie die Odadahraun-Wüste aus«, sagte er.

»So, so...« Ich reagierte kaum.

»Wissen Sie, ich bin Isländer«, erklärte sich der Mittvierziger, »... lebe aber schon seit neun Jahren mit meiner Familie in Köln... und dieser schwarze Landstrich da draußen erinnert mich irgendwie an meine Heimat..., genauer gesagt, an die Wüste der Missetäter.«

Diese hingeworfene Bemerkung weckte bei mir Interesse.

»Ich hatte keine Ahnung, daß es auf Island Wüsten gibt.«

»Die Odadahraun ist die regentriefendste Lavawüste der Erde. Vor langer Zeit versteckten sich dort Geächtete und Vogelfreie. Wußten Sie das nicht?«

»Nein«, schüttelte ich den Kopf. »Noch nie davon gehört.«

»Ich sage Ihnen, eine unglaubliche Einöde, so was haben Sie bestimmt noch nicht gesehen. Ein ungebändigtes Land mit Vulkanen, Lavaschlacken und Geröllfeldern. Und natürlich nicht zu vergessen der Jökulsá á Fjöllum! Ein Gletscherfluß, der mit wilden Strudeln, Wasserfällen und Katarakten gespickt ist. Vor Jahren habe ich eine Trekkingtour durch dieses Gebiet gemacht ... und bin auch am Dettifoss gewesen, dem gewaltigsten Wasserfall des Jökulsá. 44 Meter stürzt sich der Fluß dort in die Tiefe. Wer da hinabfällt, von dem bleibt nicht mehr viel übrig.«

Wie beiläufig sprach ich einen spontanen Gedanken aus: »Ist dieser Gletscherfluß schon befahren worden?«

»Wie meinen Sie das?«

»Ob der Fluß in einem Kajak oder Faltboot schon befahren worden ist?«

»Um Himmels willen, was für eine absurde Idee. Der Jökulsá ist unbefahrbar. Sie sind wohl verrückt, an so etwas zu denken. Jeder, der sich auf diesen Fluß begibt, wird darin ersaufen!«

Ich nickte zustimmend. »War ja auch nur so ein drolliger Gedanke.«

»Das will ich hoffen. Im vergangenen Sommer haben sich nämlich einige junge Männer in Booten auf den Jökulsá gewagt, natürlich ohne Erfolg. Ich sagte ja schon, solch ein Unternehmen ist unmöglich. Mir will sowieso nicht in den Kopf, warum Menschen derartige Risiken eingehen? Nein, für mich wäre das nichts!« »Aber wenn man über genügend Erfahrung verfügt, ist nichts ausgeschlossen.«

Geistesabwesend gingen meine Gedanken zurück zum Anfang meiner Bekanntschaft mit Flüssen. Mit neunzehn Jahren hatte ich noch nie in einem Faltboot oder Kajak gesessen. Und auch das Schwimmen hatte ich erst mit dem fünfzehnten Lebensjahr gelernt. Ein italienischer Tintenfischtaucher in Bordighera, einem malerischen Ort an der Riviera, brachte es mir bei.

Eigentlich merkwürdig, daß ich als Hamburger, der die Elbe direkt vor der Tür hat, keinerlei Beziehungen zu Flüssen hatte. Das änderte sich, als mir ein Buch über den Nil in die Hände fiel. Fortan war ich Feuer und Flamme.

»Da mußt du hin«, sagte ich mir und nahm während des Schulabschlusses einen Job als Gabelstaplerfahrer an, um das nötige Reisegeld zusammenzubekommen.

Eines Tages war es dann soweit: In Ägypten stand ich an den Ufern des Nils. Und als ich die Fluten dieses gewaltigen Stromes rauschen hörte, und eine kleine Feluke mit geschwungenem Dreiecksegel über das Wasser glitt, überkam mich plötzlich die Sehnsucht: So müßtest du mal die großen Ströme der Erde befahren. Weit weg sein, mit einem kleinen Boot – vielleicht einem Kajak oder Faltboot – und den ziehenden Wolken am Himmel nachträumen.

Seit dieser Stunde versuchte ich, meinem Wunschtraum treu zu bleiben. Entgegen jeder Vernunft wollte ich gleich nach der Schule mit einem Faltboot zum Nil, während all meine Freunde bemüht waren, eine Lehrstelle oder einen Studienplatz zu ergattern.

Monatelang bereitete ich mich sorgfältig auf die Nil-Reise vor, deckte mich mit Büchern von großen Entdeckern und Abenteurern ein, und hatte schließlich auch genug Geld zusammen, um meinen Traum zu verwirklichen.

Mit einem einheimischen Begleiter paddelte ich 600 Kilometer quer durch die Nubische Wüste des Sudan. Und ein Jahr später trieb es mich nach Westafrika, wo ich 1700 Kilometer auf den Flüssen Bani und Niger zurücklegte.

Kehrte ich von Anstrengung und Entbehrung nach Hause zurück, begegneten mir häufig Ignoranz und Unverständnis. »Einen Fluß in Afrika befahren? Was soll das bringen? Das ist doch Schwachsinn!« gab man mir zu verstehen. Aber ich sah das ganz anders: Flüsse und Ströme waren für mich inzwischen weit mehr als traditioneller Handelsweg oder gewöhnliches Gewässer, sie waren zum Sinnbild der Bewegung geworden.

Gleichwohl begann ich mit dem Studium: Afrikanistik aus Interesse und Wirtschaftswissenschaften als Alibi für meine Mutter, die mich aus Sorge anfänglich lieber am Schreibtisch eines Großraumbü-

Seit vielen Jahren ist Achill Moser, Jahrgang 54, auf abenteuerlichen Expeditionen unterwegs: 1977 paddelte er 600 Kilometer auf dem Nil, ein Jahr später 1700 Kilometer auf den westafrikanischen Flüssen Bani und Niger; 1979 bezwang er im Faltboot Kenias wilde Ströme Suam und Turkwel und 1981 befuhr er mit einem selbstgebauten Floß den Mackenzie-River im hohen Norden Kanadas.

ros gesehen hätte, als im Faltboot auf afrikanischen Strömen.

Doch lange hielt ich diese studierende Schreibtischhockerei nicht aus. Schon zehn Monate später zog es mich nach Kenia, wo ich zusammen mit Christopher die wilden Flüsse Suam und Turkwel in einem Faltboot befuhr.

1981 erfüllten wir uns dann einen Traum, den viele träumen: Im hohen Norden Kanadas ging es auf einem selbstgebauten Floß von 28 Quadratmetern den 1600 Kilometer langen Mackenzie-River hinab, bis zum Polarmeer. Alles in allem habe ich mehr als 6000 Flußkilometer auf dem Buckel, aber noch immer nicht die Nase voll.

2. KAPITEL

Zwischen Wirklichkeit und Phantasie

Alle Menschen träumen, aber nicht gleich. Die, die während der Nacht in der staubigen Tiefe ihres Verstandes träumen, wachen am Tage auf, um zu entdecken, daß alles nur Wahn war; aber die Tagträumer sind gefährliche Menschen, denn sie können ihren Tagtraum mit offenen Augen darstellen, um ihn wahr zu machen. T. E. LAWRENCE

Es war schon ein tollkühner Gedanke: Zu Fuß und im Faltboot durch die Wüste der Missetäter. In meinem Kopf war ein Wirbelsturm der Phantasie entfacht worden. Das Risiko dieses Unterfangens schreckte mich nicht. Im Gegenteil. In schwindelerregendem Tempo begann ich, Informationen über das Odadahraun zusammenzutragen. Keine einfache Sache! Ich fand nur wenige Quellen. Also konzentrierte ich mich auf die Finanzierung dieses Projektes, was ebenfalls eine Herausforderung war. Dennoch gelang es mir, Firmen und Redaktionen für meine Idee zu begeistern. Ich gewann Vertrauen und die benötigte Unterstützung.

Von Anfang an war mir klar, daß es sinnlos sein würde, die Reise anzutreten, ohne alles genau zu dokumentieren. Dazu brauchte ich einen Fotografen. Und da kam für mich nur Christopher Landerer in Frage.

Ich kenne Christopher seit vielen Jahren. Im Verlauf unserer mehrtägigen Floßfahrt auf dem Mak-

Christopher Landerer, Jahrgang 53, fotografierte in der Wüste der Missetäter das Erlebte. Er war gelernter Bankkaufmann, ehe er durch längere Auslandsreisen sein Talent für den Journalismus mit der Kamera entdeckte. Heute arbeitet er als freier Fotograf.

kenzie-River haben wir erfahren müssen, daß in bestimmter Zusammensetzung fast zwangsläufig gruppendynamisch strittige Faktoren entstehen. In entscheidenden Momenten verbrauchen sie lebenswichtige physische und psychische Energien. Folglich kam für mich eine neue Reise – anstatt zu dritt – nur noch zu zweit in Frage.

Christopher stammt aus Kilchberg, einem kleinen Vorort von Zürich. Bemerkenswert an ihm ist nicht nur sein fotografischer Blick, sondern auch die Tatsache, daß seine Gedanken zuweilen einer zerklüfteten Landschaft im Gebirge gleichen. Seine oft verwirrende, aber witzige Weitschweifigkeit läßt ihn manchmal als etwas kompliziert erscheinen, doch das ist er nicht: Ein klares Ziel vor Augen, entwickelt Christopher ungeahnte Willenskraft. Nur wenn er ins Erzählen kommt, ist er kaum zu bremsen. Bei Adam und Eva beginnend, stimmt er sich zu fröhlichen Monologen ein, die meist kein Ende nehmen. Aber ich kenne ihn nicht anders und habe mich daran gewöhnt.

Zur Fotografie gelangte er über einige Umwege. Als gelernter Kaufmann einer großen Schweizer Bank lockte ihn eines Tages das Fernweh. Ohne lange zu überlegen, machte er sich mit dem Motorrad auf, die grenzenlose Weite Kanadas zu erleben. Es folgten Reisen in Indonesien und Afrika, ehe er zu seinem Metier fand. Heute arbeitet er als freier Fotograf; sein besonderes Interesse gilt der Fotografie unter extremen Bedingungen.

Seit den Vorbereitungen zu meiner Niger-Expedition 1978 planten wir eine gemeinsame Reise. Damals war Christopher allerdings an Gelbsucht erkrankt und mußte mehrere Monate im Krankenhaus das Bett hüten. Als er auf wackeligen Beinen entlassen wurde, warnte ihn der Arzt eindringlich vor körperlicher Überanstrengung. Ein eventueller Rückfall hätte nämlich schwere Folgen.

Also blieb Christopher zu Hause, während ich nach Westafrika aufbrach. Die Gesundheit geht eben vor!

Ein Jahr später klappte es dann doch mit uns. Mit einer 15 Kilogramm schweren Fotoausrüstung fotografierte er in Kenia unser UNTERNEHMEN TURKWEL. 44 Tage waren wir damals auf Wildwasserflüssen unterwegs und legten dabei 300 Kilometer zurück. Vom 4321 Meter hohen Mount Elgon, unter dem der Suam-Fluß entspringt, bis hin zum Turkana-See – dem früheren Rudolfsee – in den der Turkwel-Fluß mündet.

Während dieser Reise waren die Anforderungen an Kondition und Ausdauer ungeheuer groß. Und nicht minder gefordert wurde auch das psychische Stehvermögen: Klettern in über 4000 Meter Höhe, Wildwasserfahrten, Gepäckmarsch durch den Urwald, Umgehen von Stromschnellen mit über 220 Kilo auf drei Buckeln. Und schließlich, unter der lähmenden Hitze von 46 Grad Celsius im Schatten, der 60 Kilometer lange Wüstenmarsch durch das Trockenbett des Turkwel.

Gleichwohl dokumentierte Christopher konsequent unsere Erstbefahrung. Und was an seinen Bildern, die unter schwierigsten Bedingungen entstanden, wohl am meisten beeindruckte: Sie sind so sorgfältig durchkomponiert, als ob in den schroffen Schluchten des Turkwel oder inmitten des schäumenden Wildwassers ein Foto-Workshop stattgefunden hätte. So jedenfalls äußerte man sich über seine Arbeit in den Redaktionen von GEO und STERN.

Zu seinen Bildern sagt er selbst: »Die Fotos, die ich in Kenia schoß, sollten nicht nur das Erlebte zeigen; ich wollte, durch bewußtes Sehen von Farben und Formen, durch überlegte Wahl von Brennweite und Perspektive, Bilder gestalten, die mehr sind als nur festgehaltene Momente. Gewiß ist eine solche Fotografie sehr zeitraubend, denn sie verlangt Geduld und Verständnis von den anderen Expeditionsteilnehmern. Dafür aber macht man bei diesem intensiven Suchen und Schauen ungeahnte Entdeckungen, gewinnt faszinierende Einblicke und Eindrücke.«

Seit der Kenia-Reise sind wir ein gutes Team. Doch gleichzeitig wissen wir, daß jeder ein eigenständiges, selbstdenkendes, selbsthandelndes Individuum ist. Eine gute Gruppe besteht eben aus findigen Einzelleuten. Und dieser Umstand war auch für das ausbaldowerte Island-Vorhaben ungemein wichtig. Also rief ich Mitte April Christopher an: »Komm doch morgen vormittag mal vorbei, es geht um eine neue Reise«, deutete ich kurz an, und stieß bei ihm sofort ins Wespennest der Ruhelosigkeit.

Am nächsten Tag empfing ich ihn völlig verschlafen im Bademantel. Ich hatte den Wecker nicht gehört. Rasch sprang ich unter die Dusche, zog mich an und setzte Kaffeewasser auf.

Christopher machte es sich inzwischen auf dem Sofa bequem. Er wirkte ruhig und ausgeglichen, stellte weder Fragen, noch drängte er mich, über das neue Unternehmen zu sprechen. Geschickt verbarg er seine innere Anspannung.

Als wohltuender Kaffeeduft durch die Wohnung zog, griff ich zur Landkarte.

»Na, Christopher, was glaubst du, wohin es geht?«

»Vielleicht – Afrika?« lachte er verschmitzt.

»Irrtum«, erwiderte ich.

»Aber hier, sieh' selbst!« Ich entfaltete die Landkarte, legte sie auf dem Fußboden aus, bekniete sie und strich sie glatt. Zu unseren Füßen breitete sich ein Eiland aus, der Atlantik unter dem Sofa, das Polarmeer unter dem Kaffeetisch.

»Eine Insel«, meinte Christopher erstaunt.

Die Überraschung war mir also gelungen.

»Ja, eine Insel.«

»Island?«

»Ja, Island.«

Nun warf mein schweizer Freund Adlerblicke von oben herab auf Berge, Flüsse und Gletscher.

»Wieso Island? Ist doch verdammt kalt und naß dort.«

»Warum nicht?«

»Hier«, ich zeigte auf eine große, weiße Fläche. »Das ist der Vatnajökull.«

»Vatna – was?«

»Vatnajökull. Der größte Gletscher Europas. Und der zweitgrößte Gletscher der Erde. Noch nie davon gehört?«

Ich vernahm nur ein verständnisloses: »Aha!« »In die ›Odadahraun-Wüste‹ will ich«, und deutete auf die Lavafelder, die mit dunklem Braun gekennzeichnet waren.

»Oda – wie?«

»Das beste wird sein, ich erzähle dir erst einmal von dem Plan, dann wirst du schon verstehen. Also – den Vatnajökull, das Quellgebiet des Jökulsá á Fjöllum, will ich besteigen. Dann den Jökulsá befahren, und zu Fuß und per Faltboot durch die Odadahraun. Vorbei an der Askja und dem Herdubreid. Weiter geht es zum Selfoss, Dettifoss, Hafragilfoss und zum Canyon Jökulsargljufur. Wenn alles gut geht, erreichen wir die Bucht Axarfjödur am Arktischen Ozean. – Was sagst du dazu?«

Perplex sah mich Christopher an, griff zur Kaffeetasse, nahm einige Schlucke und sagte trocken: »Sei mir nicht böse, Achill, aber ich habe kein Wort verstanden. Nur eines ist klar: du willst nach Island, und dort gibt es Berge und Flüsse mit unaussprechlichen Namen, stimmt's?«

Jetzt mußte ich lachen.

Ich hatte Christopher mit den kompliziert klingenden Namen vollkommen überfordert. Wie auch sollte er Begriffe und Namen verstehen, zu deren Einprägung ich viele Wochen benötigt hatte.

Ich begann also nochmals den Ablauf des Vorhabens zu schildern. Diesmal aber darum bemüht, verwirrende Namen wegzulassen.

Als ich mit meiner ausführlichen Erläuterung zu Ende war, schaute ich auf und fragte: »Na, hast du Lust? Kommst du mit?«

Nachdenklich blickte er mich an. Irgendwie schien er an meinem Plan zu zweifeln. Denn zunächst kam nichts und dann auch nur recht zaghaft:

»Wenn alle Probleme lösbar wären . . . wie lange soll die Reise dauern?«

»Ich schätze zwei Monate.«

»Hm. Gefahren gibt es ja wieder genug!«

»Wahrscheinlich«, antwortete ich ausweichend. Was sollte ich sonst sagen. »Aber du mußt bedenken«, brachte ich meine Argumente vor, »zu Fuß und per Faltboot durch die Schöpfungstage! Klingt das nicht phantastisch? Außerdem ist bislang noch niemand auf dem Jökulsá á Fjöllum bis zum Arktischen Ozean gekommen.«

»Das wird seine Gründe haben«, warf Christopher ein.

»Natürlich, der Fluß ist wild, die Wüste abweisend und die Natur widerspenstig . . .«

»Und dennoch meinst du, daß der Gletscherfluß in der Lavawüste auf uns wartet?«

»Warum nicht!«

»Irgendwie habe ich bei dem Gedanken ein flaues Gefühl im Magen.«

»Ach was, überleg doch mal – endlich wieder auf Achse sein, unter freiem Himmel leben, Wind und Wildwasser spüren.« Dazu das zweifelhafte Versprechen: »Es wird schon alles gutgehen.« Und: »Ich habe auch schon mit der Redaktion des GEO gesprochen. Rolf Winter ist interessiert. Man will sich an unserer Tour beteiligen.« Das alles verfehlte seine Wirkung nicht.

»Okay, ich bin dabei. Ein neuer Aufbruch in die Unbequemlichkeit! Wann geht's los?«, wollte er wissen.

»Voraussichtlich im Juli«, sagte ich erleichtert. »Das ist für unser Vorhaben die beste Reisezeit. Der Jökulsá ist nämlich nur während der sechs bis acht Wochen, wenn ihm vom Vatnajökull genügend Schmelzwasser zuströmt, befahrbar.«

»Aber zu dieser Zeit ist der Gletscherfluß doch bestimmt sehr reißend!«

»Ja, bei Hochwasser übertrifft der Jökulsá andere Gletscherflüsse Islands an Gefährlichkeit, denn das Gefälle des Flußbettes ist steiler, der Boden unebener, das Wasservolumen größer und das Wasser dadurch turbulenter. Daher überqueren die Isländer diesen Fluß auch nur auf zwei Brücken, die hoch über das rauschende Wasser führen.«

»Also bleiben uns noch etwa drei Monate zur Vorbereitung«, stellte Christopher fest.

»Genügend Zeit, um dich mit dem Gedanken vertraut zu machen, die mondähnlichste Region der Erde zu durchqueren.«

»Dieser Plan hat irgendwie etwas Utopisches«, meinte Christopher lachend. »Aber ich wollte schon immer mit einem Faltboot auf dem Mond paddeln.«

»Na dann los. Der Countdown läuft!«

3. KAPITEL

Aufbruch in die Wildnis

Wir können die Natur nur dadurch beherrschen, daß wir uns ihren Gesetzen unterwerfen.

FRANCIS BACON

Die Natur, die Wildnis fordert beste körperliche und geistige Verfassung und gleichzeitig den ganzen Einsatz eines Menschen. Mit der üblichen Grundausrüstung für Robinsons, die mitunter zum Sonderangebotspreis im Sportgeschäft um die Ekke erhältlich ist, ist es noch lange nicht getan.

Vorbereitung, das ist das Wälzen von Büchern, das Kalkulieren der Kosten, die Erledigung von Korrespondenz und bürokratischem Papierkram, das Studieren von Wetterberichten, die Information über Gefahren; aber auch das Zusammenstellen einer Notapotheke, Konditions- und Wildwassertraining, Besuche bei Sprach- und Erste-Hilfe-Kursen und das Lernen internationaler Notsignale.

Vorbereitung ist Überleben, und das Überleben fängt bei der Ausrüstung an.

Eine perfekte Ausrüstung, die für jede Landschaft und Klimazone verwendet werden kann, gibt es nicht. Gepäck und Ausrüstung sind immer davon abhängig, ob es in die Wüste, zum Polarmeer, durch tropischen Urwald oder über zerklüftete Gletscherbrüche geht.

Auf unserer Island-Tour hatten wir folgendes dabei:

Schlafsack (bis –30 Grad), Unterlegmatte, Sturmzelt, Rucksack, wasserdichte Schraubkanister, wasserdichte Beutel, Trockenanzug für arktische Gefilde, Ölzeug, Faserpelz-Jacke, Faserpelz-Hose, Feld-Hose mit zahlreichen Taschen, Jeans, Rollkragenpullover, Unterhemden, T-Shirts, Unterhosen/lange Unterhosen, Faserpelz-Socken, Faserpelz-Handschuhe, Ledergürtel, Sonnenbrille (unzerbrechlich), Oberhemden (strapazierfähig), knöchelhohe Turnschuhe und Bergstiefel, die um eine Nummer größer sein sollten als der normale Alltagsschuh, damit sich die Zehen frei bewegen können. Schwimmweste, Moskitonetz, Insektenöl, Angelzubehör/Haken, Blinker, Sehne, Draht, Bindfaden, Plastiksäcke, Sturmkocher, Alu-Geschirr, Besteck, Taschenmesser, Feldflasche, Kompaß.

Hinzu kam der persönliche Kleinkram: Zahnbürste, Waschzeug, Tagebuch, Taschenbücher, Pfeife, Tabak usw. Der Besuch beim Hausarzt ist ebenfalls Voraussetzung für eine Reise in abgelegene Regionen. Er kann nicht nur die Konstitution des Körpers ›durchchecken‹, sondern auch bei der Zusammensetzung der Reiseapotheke behilflich sein.

Im wesentlichen sollte folgendes berücksichtigt werden: Kompressen, verschiedene Mullbinden, elastische Binden, Pflaster, Heftfplaster und Schere. Auch Medikamente gegen Durchfall, Zahn-, Kopf- und Halsschmerzen, sowie schmerzlindernde Salben bei Verstauchungen oder Prellungen dürfen im Gepäck nicht fehlen; ebenso Penicillin bei etwaigen Entzündungen.

Nicht zu vergessen: die Survival-Decke, die Verletzte oder Erkrankte vor Unterkühlung und Erfrierung schützt. Bei der Vielfalt der Medikamente muß man natürlich die medizinischen Gebrauchsanleitungen, die den Arzneipackungen beiliegen, sorgsam lesen.

Im Zweifelsfall oder bei eventuell unverständlichen Passagen, hält man mit dem Hausarzt Rücksprache. Erst wenn alle Unklarheiten beseitigt sind, werden die ausgewählten Medikamentendöschen, -fläschchen und -tuben mit wasserfesten Etiketten versehen und in wasserundurchlässigen, stoßfesten Plastikkästen verstaut. Eine lebenswichtige Hilfe kann auch der Überlebensgürtel sein. Alle wesentlichen Dinge werden in wasserundurchdringlichen Gürteltaschen verpackt. Die Zusammenstellung der notwendigen Gegenstände erfolgt nach eigenen Erfahrungen und Vorstellungen. Einige Vorschläge: Ausweis, Geld, Verbandszeug, kleine Schere, schmerzlindernde Medikamente, Desinfektionsmittel, Penicillin, Filtertabletten zur Herstellung von Trinkwasser, kleiner Gummischlauch, wasserfeste Streichhölzer und Reibefläche; Trillerpfeife, um sich bemerkbar zu machen, Kompaß und Landkarte des Gebiets, in dem man sich zur Zeit befindet; Kugelschreiber oder Bleistift; Schreibpapier; einige Paßfotos; Rasierklinge; verschiedene Angelhaken, sowie einige Meter Angelschnur mit einer Zuglast von ca. 5 kg; Moskitonetz, um das Gesicht zu schützen. Nadel und Faden. Sicherheitsnadeln, Draht und Bindfaden zur Herstellung von Jagdschlingen; Signalpistole und -patronen; unzerbrechliche Sonnenbrille; Plastikbeutel, die auch als Gefäß oder Trichter verwendet werden können; etwas Trockennahrung, beispielsweise Dörrobst und Nüsse, Jagdmesser aus rostfreiem Stahl.

Die Kameraausrüstung verstauten wir nicht in einem hitze- und kältebeständigen Alukoffer, sondern in einem wasserundurchlässigen und stoßfesten Plastikkanister mit Schraubdeckel. (Plastikkanister sind auch wesentlich preisgünstiger.)

Die Filme wurden in Partien zu 10 Stück in Plastiktüten eingeschweißt, um sie vor Feuchtigkeit und Schmutz zu schützen.

Mitten in der hektischen Vorbereitungsphase fuhr Christopher auf dem Fahrrad gegen einen Betonsockel, und brach sich den großen Zeh.

Mein Gott, hatten wir nicht schon Probleme genug! Jetzt auch noch die Sorge um Christophers ›großen Onkel‹. Was, wenn der Bruch nicht rasch verheilte und es Komplikationen gab?

Wir durchlebten Tage peinigender Ungewißheit. Erste Bedenken krochen in uns hoch, die wir zwar energisch in ein Hinterstübchen unseres Gehirns verdrängten, aus dem sie aber regelmäßig wieder auftauchten und uns plagten.

Gelegentlich befanden wir uns sogar in einem merkwürdigen Schwebezustand. Unsere Wesen waren wie gespalten: Das eine Ich lebte im gewohnten Alltag und versuchte, das Wirrwarr der nicht enden wollenden Telefonate und Rennereien zu bewältigen, das andere war schon weit weg und gespannt vor Erwartung, was das bevorstehende Abenteuer wohl bringen würde.

Dann passierte das Undenkbare: Es war an einem späten Nachmittag, als ich von der Menge aus dem Hamburger Hauptbahnhof herausgespült wurde. Es roch nach Schaschlik und Bratwurst. Geradewegs steuerte ich in einen Imbiß, bestellte mir eine Currywurst mit Pommes frites und stellte mich an einen Stehtisch.

»Hast du heut' schon in die Zeitung geguckt?« fragte eine der beiden Imbiß-Verkäuferinnen. »Keine Zeit gehabt«, sagte die Jüngere und wischte sich die schmierigen Hände am Kittel ab. »Gibt's denn was Neues? Ist doch jeden Tag dasselbe . . . überall hauen sich die Menschen die Köpfe ein . . .«.

»Ja, furchtbar, und jetzt auch noch dieser Vulkanausbruch.«

»Was! Wo?«

»Auf Island . . . die Erde ist mal wieder aufmüpfig geworden.«

Sofort war ich hellwach. Aufmerksam lauschte ich dem Gespräch.

»Ist was Schlimmes passiert?«

»Nein. Ich glaube nicht. Der Vulkan ist in einem abgelegenen Gebiet explodiert. Keine Menschenseele lebt dort.«

»Da kann man ja wirklich von Glück reden. Nicht auszudenken, was geschehen wäre, wenn der Vulkan in einer bewohnten Gegend losgelegt hätte . . .«

Als ich den Imbiß verließ, liefen Schreckensbilder eines Vulkanausbruchs durch mein Gehirn: Steine und Staub schossen hoch; es regnete glühende

Asche. Blitze zuckten, eine brodelnde schwarze Wolke rollte heran und überflutete das Land . . . und wir mitten drin, das fehlte noch zum Bilderbuch-Ausbruch meiner Kindheits-Vorstellung.

Zuhause auf dem Schreibtisch lag ein Brief von Randolf Braumann, Redakteur beim GEO:

›Lieber Achill!

Vatnajökul ist losgebrochen

Bitte meldet Euch bei mir!‹

Und daneben fand ich einen fotokopierten Zeitungsartikel, vom 31. Mai 1983. Schlagzeile: VULKANAUSBRUCH DURCHDRANG 300 METER DICKE EISSCHICHT.

Aufgeregt las ich den Bericht: ›Der Vulkan Grimsvötn, seit 1934 nicht mehr aktiv, ist seit Sonntag wieder tätig. Nun fürchtet Island eine Überschwemmungskatastrophe durch das schmelzende Eiswasser: Der 1659 Meter hohe Grimsvötn liegt unter dem 8450 Quadratkilometer großen Vatnajökull, dem zweitgrößten Gletscher der Welt, und seine Eruption durchbrach eine 300 Meter dicke Eisschicht. Bisher sammelt sich das Schmelzwasser in einem 300 Meter breiten Krater. Der Wasserstand im Skeidara-Fluß, der vom Vatnajökull ins Meer führt, ist noch nicht gestiegen. Doch beim letzten Ausbruch des Vulkans waren gewaltige Wasserfluten ins Tal geströmt. Isländische Vulkanologen weigern sich bisher, Prognosen über Dauer und Heftigkeit des Ausbruchs zu stellen. Zunächst scheinen größere Wohnsiedlungen nicht bedroht – der nächste Ort ist sechzig Kilometer entfernt. In Evakuierungsbereitschaft ist ein holländisches Archäologenteam, das südlich des Vatnajökull nach einem im 17. Jahrhundert gestrandeten Frachtschiff und seiner angeblichen Goldladung gräbt. »Der Ausbruch ist ungewöhnlich für subglaciale Vulkane«, sagte der Geologe Karl Groenvold, der den Gletscher überflog. »Sonst beginnt der Ausbruch mit einer Eisschmelze und großen Überschwemmungen in den Trichtern des Gletschers. Erst dann folgt der Ascheregen. Diesmal ist die Vulkanasche der Eisschmelze zuvorgekommen.«

Es war zum Verzweifeln! Hatte sich jetzt auch noch die Natur gegen uns verschworen?

Ich rief sofort Christopher an. Auch er hatte von dem Vulkanausbruch noch nichts gehört.

»Schöner Mist«, sagte er erregt.

»Was nun?«

»Ich schlage vor, daß wir so schnell wie möglich unseren Flugtermin verschieben.«

»Wie meinst du das, Achill?«

»Ich bin dafür, daß wir schon in den nächsten Tagen nach Island fliegen. Was macht denn dein gebrochener Zeh?«

»Dem geht's gut. Fast wieder wie neu«, sagte Christopher.

»Dann steht unserer Reise ja nichts mehr im Wege.«

»Willst du etwa im Faltboot auf Lavaströmen reiten?«, fragte Christopher aufgebracht. »Ach was, aber überleg doch mal! So ein Vulkanausbruch kommt auf Island nur jedes fünfte Jahr vor. Das ist doch ein Erlebnis und bietet noch die Möglichkeit, irre Fotos zu machen. Willst du dir das entgehen lassen?«

»Ich weiß nicht. Wir dürfen nicht den Fehler machen, einen Vulkanausbruch zu unterschätzen. Was passiert zum Beispiel, wenn wir auf die Eiskappe des Vatnajökull steigen und die Eiskruste anfängt zu wackeln . . . Soll ich dir sagen, was dann geschieht?« bohrte Christopher in meine aufflackernde Unsicherheit. »Dann bricht der Krater los und pustet uns vom Gletscher . . .«

»Dummes Zeug, so schlimm wird es schon nicht werden. Ich glaube nicht, daß die Grimsvötn ein zweites Mal loslegt. Wir müssen nur aufhören, daran zu denken.«

4. KAPITEL

Odadahraun

Wer nicht aufs Kleine schaut, scheitert am Großen. Weil der Weise unbefangen das Ende am Anfang sieht, das Große im Kleinen, wird auch das Verfänglichste und Schwerste ihm leicht. LAO-TSE

Hierzulande haben wohl nur sehr wenig Menschen Kenntnis von der vulkanischen Region Odadahraun. Die ›Wüste der Missetäter‹, um die sich viele Sagen und Spukgeschichten ranken, ist ein schwarzes, von Kratern übersätes Unland, über das im großen Brockhaus zu lesen ist: ›. . . das größte Lavafeld der Erde, im Inneren Islands, nördlich des Vatnajökull; öde und ohne Dauersiedlungen‹.

Dem Fremden vermittelt sich hier das Bild einer verkraterten Trostlosigkeit, in der Vergangenheit und Gegenwart einander auf seltsame Weise durchdringen. Keine Büsche, keine Bäume, keine Menschen. Nur gelegentlich krallen sich Moos und Gras auf die rauhe Oberfläche oder an den schroffen Fels dieser betörenden Endlosigkeit. Winzige, kümmerliche, rote Pflänzchen, die sich vor dem brausenden Wind auf den dunklen Boden ducken, leuchten wie Signallämpchen. Und über alledem ein steter himmlischer Kulissenwechsel.

Sturm, Regen, Eis und Feuer sind die charakteristischen Elemente dieser Region, in der die phantastischen Steingebilde drohenden Fabelwesen gleichen.

Von Trollen und Kobolden sorgsam bewacht, vereinigt diese Urwelt erstarrte Glut aus dem Erdinneren mit dem kalten diffusen Licht des Nordens.

Zwischen Schnee, Gletscherwasser und Lavaströmen ging es durch ein menschenleeres Gebiet.

Ebenso wie der wilde und zügellose Jökulsá á Fjöllum, sind viele Flüsse Islands schuttbeladen, milchig-weiß getrübt oder schmutzig-gelb bis braun.

Gleichwohl ist das Wasser zahlreicher Flußläufe rein und trinkbar.

Wie eine Schnecke, die ihr Haus auf dem Rücken mitschleppt, trägt Achill Moser Zelt und Ausrüstung im Rucksack über das Lavagestein.

Die Region Odadahraun wird von der Askja beherrscht, einem 50 Quadratkilometer großen vulkanischen Einsturzkessel, aus dem zum letztenmal 1961 feurige Lava zum Himmel schoß.

Es gibt wohl kein anderes Gebiet auf der Erde, das der Mondoberfläche so ähnlich ist.

Das Odadahraun erstreckt sich über etwa 4 600 Quadratkilometer, eine Fläche also, die mehr als sechsmal so groß ist wie Hamburg. Die ungefähren Grenzen dieser Wildnis sind die Flüsse Skjálfandafljot im Westen und der Jökulsá á Fjöllum im Osten, der Vatnajökull im Süden und die beiden Tafelvulkane Blafjáll und Sellandafjáll im Norden.

Auffällig ist, daß es in der Odadahraunwüste genauso viel regnet wie in grüneren Teilen Islands. Diese Tatsache unterscheidet die ›Wüste der Missetäter‹ von der Sahara. Auch mit den anderen heißen Wüsten der Erde hat die Odadahraun – außer der Pflanzenleere – nichts gemein.

Der vulkanische Boden dieser Region ist ungewöhnlich durchlässig. Zumeist versickert der Regen so tief, daß er für die meisten Pflanzen nicht mehr erreichbar ist. Hinzu kommt das kühle Klima, das nur besonders anspruchslose und angepaßte langwurzelige Pflanzen, z. B.: Grasnelke oder Leimkräuter, existieren läßt.

Herzstück des Odadahraun ist die Dyngjuföll, eine bis zu 1 510 Meter aufsteigende Bergkette. Zu ihr gehört die Askja-Caldera, ein nach der letzten Eiszeit entstandener vulkanischer Einsturzkessel, in dem es am 26. Oktober 1961 zur bislang letzten Eruption kam.

Die zahlreichen vulkanischen Herde, die immer wieder in Bewegung geraten und aufs Neue losbrechen, haben dieser Landschaft ihr menschenabweisendes Aussehen gegeben. Ständig verwandelt das zügellose Erdfeuer den für das Menschenauge fremdartigen Lavaboden. Endlose Spalten, Verwerfungen, Kraterburgen und mächtige Lavatürme entstehen, ohne die diese Region keine Spur von Anmut hätte.

Zur aktiven Vulkanzone Islands gehört auch der Westteil des Vatnajökull. Unter dem im Durchschnitt 1 000 Meter starken Eispanzer liegen mehrere Epizentren und eine etwa 40 Quadratkilometer große Senkung mit zahlreichen Kratern, Solfataren und einem Schmelzwasser-See.

Jeder Ausbruch dieser Vulkanherde läßt gewaltige Schmelzwassermassen entstehen, die als Gletscherläufe unter dem Eis abfließen, dabei Eisblöcke und Schutt mitreißen und im hügeligen Vorland des Gletschers Überschwemmungs-Katastrophen auslösen. Die meisten der großen Gletscherläufe mit verheerenden Folgen wurden durch Eruptionen in den Grimsvötn verursacht – auch jener im März des Jahres 1934, als etwa sieben Milliarden Kubikmeter Wasser ins Tal rauschten; eine Menge, die ausreichen würde, die Bevölkerung der Bundesrepublik über anderthalb Jahre zu versorgen.

5. KAPITEL

Eiland Island

Eine neue Welt entsteht nicht, indem man versucht, einfach die alte zu vergessen. HENRY MILLER

Reykjavik – mit einem Schlag war der heftige Wind da. Er sprang uns an, als sei die asphaltierte Startbahn sein Anlauf gewesen und wir sein einziges Ziel.

Es war schauerlich kalt, als wir Anfang Juni die Gangway hinabstiegen und das Rollfeld überquerten. Hier und da entdeckten wir, neben zart überfrorenen Regenpfützen, schmutzige Schneereste.

Aber der Himmel war hoch aufgerissen und vor dem tiefen Blau trieben weiße Wolken vorbei. Die Sonne schien und das Thermometer zeigte 10 Grad. Die Luft war rein und klar. Typisches Islandwetter war das ja nicht. ›Typisch‹ für Island – so dachten wir – sind tiefhängende Wolkenbänke und Regenschauer, die Landratten vom Kontinent sofort nach warmem Regenzeug suchen lassen.

Frohgelaunt über dieses ›untypische‹ Wetter, gewann unser Optimismus die Oberhand. Wir waren guten Mutes im Land der unheilvollen Wikinger.

Was wir über die Wikinger wissen, haben wir größtenteils den Heldenliedern, der nordischen Saga-Literatur, den norwegischen und isländischen Skaldengedichten entnommen.

In diesen Dichtungen und den damit allgemein verbundenen Vorstellungen lebten die Wikinger als tapfere Helden, als edle Krieger und mutige Abenteurer, ehrgeizig und ehrbewußt, immer zum Kämpfen und auch zum Töten bereit. Doch kämpfen und töten sie in den Heldenliedern stets nur aus verletzter Ehre, die es im ehrlichen Kampf wiederherzustellen gilt. Mit wirklichen Wikingern, die in der Zeit vom 9. bis 11. Jahrhundert mit ihren schnellen und hochseetüchtigen Schiffen – Handel treibend – die Meere und die Flüsse beherrschten, hat das wenig zu tun.

Anno 870 steuerte der Wikinger Ingolfur Arnarson, ein Widersacher des norwegischen Königs Harald Schönhaar, der wegen einer Fehde in seiner norwegischen Heimat ins Exil gehen mußte, sein Schiff in die Bucht von Reykjavik, wo er die Dämpfe der heißen Quellen für Rauchfahnen menschlicher Siedlungen hielt.

Angesichts des gastlich wirkenden Ufers warf der nordische Kolumbus die Bildpfeiler seines Hochsitzes über Bord, auf daß die Götter ihm die neue Heimat wiesen: Wo die Fluten die Schnitzwerke anspülten, wurde er mit seinen Mannen seßhaft – in der ›Rauchbucht‹, in Reykjavik.

Von den dampfenden Quellen ist heute nicht mehr viel zu sehen, aber um so mehr zu verspüren, da die Warmwasserversorgung und Beheizung der Häuser durch das Wasser unter der Erde erfolgt. In sechs Meter Tiefe wird das Wasser in natürlichen Quellen gefaßt, wo es sich in heißen Aschenfeldern stark erhitzt, um dann durch isolierte Röhren in die Wohnungen geleitet zu werden.

Island, die Saga-Insel am äußersten Saum der bewohnbaren Welt, verdankt ihren Namen dem Norweger Flóki Vilgerdarson. Im 9. Jahrhundert landete er ausgerechnet am Fuße des Vatnajökull, an der unwirtlichsten Küste mit unfruchtbaren, steinübersäten Anschwemmungsebenen, einem unentwirrbaren Netz von Schmelzwasserströmen und mit Gletscherzungen, die ganze Herden von Eisbergen ins Meer schoben. Dort verbrachte der Wikinger einen harten Winter – und nannte die Insel nach seiner Rückkehr ›Eisland‹.

Wohl jeder Fremde, der vom Keflavik Airport die

45 Kilometer in Islands Hauptstadt Reykjavik fährt, fragt sich, warum diese Landschaft so fremdartig wirkt: Es ist die baumlose Einöde, an die man sich erst gewöhnen muß.

Was es an Holz gab, ist vor Jahrhunderten abgehauen worden. Zwar besteht eine Art »grüner Plan« zur Wiederaufforstung, aber ihn zu verwirklichen, wird wohl Jahrhunderte dauern.

Gleichwohl ist Island – das nur 300 Kilometer von Grönland und 900 Kilometer vom europäischen Festland entfernt ist – auch ohne dichten Baumbestand ein faszinierendes Land: Eine von Naturgewalten aufgewühlte Landschaft mit Vulkanen aller Art (200 sind nach der Besiedelung des Landes insgesamt 150mal ausgebrochen), riesigen Gletschern, die eine grönländisch anmutende Eiskulisse bilden; Basaltwüsten, mächtigen Wasserfällen, spiegelnden Kraterseen und dampfenden Solfataren, die die Erde mit schwefeligem Gelb färben.

Ein Land der Farbe, des Lichts und der hellen Nächte. Nicht zu vergessen: Ein Terrain für Limnologen, Ornithologen, Geomorphologen und Hobby-Urgeschichtlern.

Mit einer Länge von 500 Kilometern – von Ost nach West – einer Breite bis zu 300 Kilometern und einem 6000 Kilometer langen Küstenstreifen, erstreckt sich Island über eine Gesamtfläche von 103 000 Quadratkilometern.

10 % der Oberfläche sind von Lava und 12 % von Gletschern bedeckt, 20 % sind Weide, 1 % Kulturland. 800 heiße Quellen gibt es, 500 Seen und unzählige Flüsse.

Dennoch blieb dieses Land, das so reich an spektakulären natürlichen Attraktionen ist, bis jetzt weitgehend vom Ansturm des Massentourismus verschont, was in erster Linie dem rauhen Klima und dem unwegsamen Gelände zu verdanken ist.

Island ist eines der dünnstbesiedelten Länder der Erde: Etwa zwei Menschen wohnen im Schnitt auf einem Quadratkilometer, auf dem flachen Land natürlich noch weniger, denn ein Drittel der Bevölkerung ist inzwischen dem Zug der Zeit in die Städte, Reykjavik oder Akureyri, gefolgt.

Außer Fisch, Milch und Wolle müssen fast alle Waren wie Gemüse, Obst und Holz importiert werden. Somit ist das Leben für die rund 230 000 Einwohner ziemlich teuer. Dennoch leben die Isländer, so unglaublich das zunächst wegen des kalten Klimas und des Fehlens von Bodenschätzen klingt, mit einem materiell hohen Lebensstandard.

Dafür gibt es mehrere Gründe: Island ist eine klassenlose Gesellschaft ohne wirklich reiche Leute (eine Gesellschaft, in der übrigens jeder jeden per Vornamen und mit »Du« anredet, bis hinauf zur Präsidentin Vigdis Finnbogadottir), und Island hat es sowohl durch Härte als auch durch Planung verstanden, sich den Fisch als Quelle guter Einkünfte zu sichern.

Da wurden zuerst die Hoheitsgewässer immer weiter ausgedehnt, bis es zum sogenannten Kabeljaukrieg mit den Briten kam (den die Isländer gewannen).

Im Heimatmuseum von Akranes am großen Walfjord weist der Führer an Jagdhörnern und Walzahnlöffeln vorbei auf eine ganz besondere Kostbarkeit, »a very important thing«: die Kappschere Togviraklippur, ein pflugschargroßes Monsterinstrument, womit Islands Küstenwachtkerle im Kabeljaukrieg – schnipp – schnapp – den englischen Trawlern die Fangnetze kappten.

Danach modernisierte Island seine Fangflotte derart kompromißlos, daß Fischen draußen auf der See weitgehend eine Sache von Elektronik und von Berechnung wurde.

Entsprechend gewaltig sind die Fangmengen – zumindest in normalen Jahren, wenn Dorsch, Kabeljau oder jener kleinere Kapelan, der kein besseres Schicksal hat, als zu Fischmehl verarbeitet zu werden, dort ›stehen‹, wo sie gemäß der Meeresforschung auch ›stehen‹ sollten.

Überfischung und die trotz allem noch immer bisweilen rätselhaften Sprünge der Natur machen allerdings in periodischen Abständen ihren Strich durch die Rechnung der Fischer.

Daneben ist Island ein Land der Pferde und der Schafe, die neben den Schotterstraßen und Pisten lagern und darauf warten, daß ihr Leben nach einem kurzen Sommer zu Ende geht: 400 000 von insgesamt 600 000 isländischen Schafen werden jedes Jahr exportiert oder geschlachtet und im Winter verzehrt.

Wenn das alles etwas rauh und hart wirkt, so ist das nur eine Seite der Medaille: auf der anderen Seite ist Island ein Volk mit einer Kultur und einer Literatur, die, in Relation gesetzt zu seiner kleinen Bevölkerung, geradezu phänomenal wirken. Pro Kopf wird hier am meisten gelesen, und zwar weltweit, und wahrscheinlich wird in Island auch mehr gedichtet als irgendwo sonst auf dem Erdball.

›Lieber keine Schuhe als keine Bücher‹, sagt ein isländisches Sprichwort.

Die Leidenschaft für Sprache und Dichtung geht zurück auf die Zeit der Entdeckung, und nachdem die Kunst des Schreibens auch ihren Weg nach Island gefunden hatte, wurde fast in jedem Bauernhof Wahres und Phantastisches auf Pergament festgehalten.

Als Island vom 13. Jahrhundert an unter Fremdherrschaft stand, verband das Dichten sich immer wieder mit der Politik und im besonderen mit dem Streben nach Unabhängigkeit. Dieses Engagement behielt die isländische Literatur auch bei, nachdem das Land 1918 und 1944 in zwei Stufen die Unabhängigkeit von Dänemark erhalten hatte. Die Schriftsteller, mehrheitlich links orientiert, fanden nämlich sofort einen neuen Anlaß, gegen die Fremden und über die eigene Entfremdung zu schreiben: Die Amerikaner waren gekommen und richteten in Keflavik, runde 50 Kilometer von der Hauptstadt entfernt, einen militärischen Stützpunkt ein. Sie brachten Fernsehen und eine Lebensauffassung mit, die mit dem isländischen Stil schlecht oder gar nicht harmonierten. Doch mit Engagement und Demonstrationszügen setzten sich die Isländer gegen die Anti-Kultur-Präsenz der Amerikaner zur Wehr – bis diese ihrerseits sich von der Notwendigkeit überzeugen ließen, ihr TV nur noch per Kabel innerhalb der Luftwaffenbasis zu verbreiten. Seither ist Island sprachlich wieder einigermaßen isländisch.

6. KAPITEL

Mahnungen und Ratschläge

Wir hier sind so nah am Ursprung wie je, und jeder von uns ist bestimmt zum Welteroberer.

PETER HANDKE

»Wohin wollen Sie? In die Odadahraun-Wüste? Und auf dem Jökulsá bis zum Nordmeer?«

»Ja.«

»Wieviel Personen sind Sie?«

»Wir machen das zu zweit.« Wie ein Lauffeuer verbreitete sich die Neuigkeit in Reykjavik. Wo wir auch hinkamen überhäufte man uns mit Mahnungen und guten Ratschlägen. Mal klopften uns Isländer euphorisch auf die Schultern, mal wurden wir zur Zielscheibe sarkastischer Bemerkungen.

»Ihr seid total übergeschnappt. Laßt bloß die Finger davon«, fuhr uns ein Buchhändler aufgebracht an. »Das schlagt euch mal gleich wieder aus dem Kopf. Schon im letzten Jahr wollten ein paar Verrückte auf dem Jökulsá durchs Odadahraun. Aber nach einigen Kilometern ist ihr Boot an einem Felsblock zerschmettert. Wollt ihr etwa, daß es euch genauso ergeht?«

»Nein, natürlich nicht. Aber trotzdem möchten wir's versuchen.«

Es folgte ein ungläubiges: »Soooo! Lebensmüde, was?«

»Mit einem Faltboot oder Kajak kommt ihr da niemals durch«, bemühte sich eine ältere Dame im Informationsbüro. »Ein Gletscherfluß ist viel reißender als andere Flüsse. Es gibt einfachere Wege, Selbstmord zu begehen.«

»Ach was«, lachte ich. »Jetzt übertreiben Sie aber. So schlimm wird's schon nicht werden. Wir haben uns ja gut vorbereitet. Und ausreichend Erfahrungen mit wilden Flüssen haben wir auch.«

»Dummes Geschwätz!« taten uns andere kopfschüttelnd und wohl insgeheim mit einer Handbewegung als ›Spinner‹ ab. Doch unser Entschluß stand fest. Immerhin ist jeder für sein Leben selbst verantwortlich.

Als uns ein isländischer Wandervogel, der die Ufer des Jökulsá kannte, einige Tips und Hinweise gab, atmeten wir erleichtert auf.

»Beim Dettifoss müßt ihr rechts raus, ans Ufer, sonst geht ihr links den Wasserfall hinab.«

Wir nickten.

»Und hier«, er breitete eine Landkarte vor uns aus und deutete auf den blaugestrichelten Gletscherfluß, »verengt sich der Strom. Aufgepaßt. Dort müßt ihr links passieren, versteht ihr?«

»Oder ihr tragt das Boot an den Stromschnellen vorbei«, meinte ein anderer.

»Vor allem merkt euch: Der Jökulsá ist ein tobendes Ungeheuer. Wenn ihr einen Fehler macht, werden die Fluten euch verschlingen. Schaut deshalb jede Welle genau an!«

»Wir werden schon aufpassen. Immerhin sind wir ja alte Kajak-Hasen.«

»Trotzdem braucht ihr eine gehörige Portion Glück!«

Bei der Wetterstation erhielten wir eine Hiobsbotschaft: »In der Odadahraun-Wüste liegt noch meterhoch Schnee. Dort kommt zur Zeit niemand rein. Ihr müßt euch gedulden.« Doch das war einfacher gesagt als getan. Niedergeschlagenheit machte sich breit. Wir wichen uns aus. Hockten in Cafeterias und konsumierten ungeheure Mengen Kaffee.

Dann, neun Tage nach dem Vulkanausbruch der Grimsvötn, eine gute Nachricht. Von einem Vulkanologen der Universität Reykjavik erfuhren wir: »Der vulkanische Herd hat sich wieder beruhigt. Im Augenblick braucht ihr nichts befürchten.«

Schön und gut! Aber die Wartezeit machte uns gleichermaßen nervös und nachdenklich: Nächste Woche konnte es regnen oder schneien, unter Umständen schien die Sonne. Wer weiß! Auf Island war alles möglich – einschließlich Vulkanausbrüchen!

Mehr und mehr wurde uns so richtig klar, worauf wir uns eingelassen hatten, wie waghalsig das ganze Vorhaben war. Hatten wir etwa, bewußt oder unbewußt, die Gefahren bagatellisiert – die vernichtende Gewalt des Jökulsá, den wir überlisten wollten, die Tausende Tonnen Gletscherwasser, die seit Millionen von Jahren talwärts schossen, sich durch Lavafelder und Berge fraßen, Felsen zum Einsturz brachten, hausgroße Steinblöcke mitrissen, Überhänge fortspülten und unablässig das eigene Flußbett zernagten und zerschrammten.

Wir fragten uns, ob wir wohl mit heiler Haut zurückkehren würden.

7. KAPITEL

Den Urkräften ganz nahe

Nicht der Mensch hat am meisten gelebt, welcher die höchsten Jahre zählt, sondern der, welcher sein Leben am meisten empfunden hat.

RÒUSSEAU

Endlich, zehn Tage nach unserer Ankunft in Reykjavik, verließen wir im Bus die nördlichste Hauptstadt der Erde. Leichte Unruhe verspürend, fuhren wir an den Wellblechdächern der Häuser, die in farbenfrohem Gelb, Grün, Blau und Rot leuchteten, vorbei. Unmittelbar dahinter standen grassodenbedeckte Hütten und Kirchen in großen Abständen neben den Sommerhäuschen wohlhabender Bürger.

Sanft gaben sich hier noch die Höhen. Wild und wüst dagegen war der Wolkenhimmel.

Wir passierten großartige Landschaften und bekamen oft nur ein »Das gibt's doch gar nicht!« raus.

Noch nirgendwo war mir die Intensität und Wucht von purer Natur so nahegegangen wie in Island; nirgendwo anders habe ich erlebt, wie Landschaft einen Menschen beeinflussen und umkrempeln kann. Island, das ist weit mehr als nur ein Reiseland; für mich ist es ein Selbsterfahrungstrip – und wohl jeden, und sei er ein noch so ausgefuchster Fernreisender, wird diese Insel auf besondere Weise packen.

In immer neuen Szenen fesselte uns die herbe Schönheit der Natur. Links und rechts der Straße konnten sich die Augen sattsehen: Fjorde, Wasserfälle und Gletscher; zügellose Flüsse, heiße Quellen und zischende Geysire; einsame Höfe, struppige Islandponys und zuweilen – in Küstennähe – ein Schwarm Papageientaucher.

Im Hintergrund Berge, die mit einem hellen Schleier bedeckt waren. Gelegentlich ein entgegenkommendes Auto, oder einige Schafe, die im wilden Trab davonhoppelten, wenn der Bus nahte.

Schließlich erreichten wir im Norden Islands den ›Myvatn‹, den Mückensee, an dem Tausende und Abertausende von Wasservögeln nisteten.

Dieser fischreiche See, entstanden aus einer gewaltigen Gasblase, zu einer Zeit, als der Nordosten noch von Magma überflutet wurde, lag da wie ein frischpolierter, blauglänzender Spiegel; umgeben von bizarr geformten Vulkanen und Lava-Wüsteneien, in deren wildromantischen Irrgärten – vor etwa zwei Jahrtausenden von ausströmender Lava aufgetürmt – sich nur der Kundige zurechtfindet.

In Reynihlîd, einem kleinen Ort am See, versuchten wir ein Geländefahrzeug plus Fahrer zu chartern, das uns ins Odadahraun bringen sollte. Doch Pustekuchen! Noch immer machten ausgedehnte Schneefelder jede Fahrt in die Wüste der Missetäter unmöglich.

»Da ist kein Durchkommen. Ihr müßt warten, bis der Schnee schmilzt.«

Also nutzten wir die Zeit und wanderten zu dem nahen Solfatarenfeld von Namaskard. Zwischen Dampffontänen und schmutzig-blauen und -grauen, vor sich hinblubbernden Schwefelquellen, bestaunten wir die hautnah spürbaren Naturkräfte.

Die Absperrungen waren hier mehr symbolischer Natur: man mußte darauf achten, daß man nicht zu nah an die brüchigen Ränder der Schlammlöcher geriet, in denen Kochwasserblasen platzten.

Christopher ließ sich jedoch von den giftig gelb geränderten Schwefelquellen, aus denen übelriechende Dämpfe stiegen, nicht einschüchtern. Dem Ursprung der Welt so nahe, wagte er sich Schritt für Schritt auf die dünne, verkrustete Erdhaut, unter der sich die Urkräfte in periodischen Abständen Luft verschafften.

»Geh' nicht so nahe heran«, warnte ich Christopher.

»Es passiert schon nichts. Ich bin ja vorsichtig. Nur noch ein paar Aufnahmen«, trieb es ihn fotobegeistert in die Nähe eines wabernden und quirlenden Höllenschlunds, wo die Kräfte der Erde greif- und riechbar waren. »Puuuh, das stinkt hier ja nach faulen Eiern«. »Sei doch nicht so leichtsinnig. Was, wenn du in eines dieser stinkenden Geysirlöcher fällst? Immerhin soll das Wasser eine Temperatur von 97 Grad haben. Meinst du nicht auch, daß es ein bißchen zu heiß für deinen Körper ist?«

Tage später kam die Sonne durch und per Allradantrieb ging es über geborstene, pockennarbige Erde ins unbewohnte Landesinnere.

Unser Fahrer hieß Jean-Paul. Er war Franzose. Ein witziger, lebensfroher Zeitgenosse, der in einem Landrover unterwegs war, Islands Einsamkeit zu genießen.

Als wir ihm von unserem Vorhaben erzählten, bot er sofort seine Hilfe an: »Wenn die Schneeschmelze einsetzt, bringe ich euch ins Odadahraun. Ist doch Ehrensache!«

Gesagt, getan.

Und so holperten wir nun – in krankmachender Kippschaukelei – über gelb-roten Liparit und langgestreckte, mürbzersplitterte Aschepisten, die an rissige Elefantenhaut erinnerten.

Lavagestein zerbrach knirschend unter der Last des Mobils, und die auffliegenden Brocken schlugen wie Geschosse in die Karosserie.

Wer Reifen testen will, findet hier optimale Strapazierbedingungen.

Aus diesem Grunde wunderten wir uns auch nicht, als der Wagen plötzlich bis über die Nabe des rechten Vorderrades in ein Wasserloch flutschte. Wir mußten eine Dreiviertelstunde in sumpfigem Gelände arbeiten, um das Fahrzeug wieder flott zu bekommen.

Dann ließ uns Jean-Paul's Befehl zusammenzukken: »Festhalten. Rückt zusammen, Jungs!«

»Was ist denn los?«

»Wegen der Balance!« überschlug sich seine Stimme. Und schon klatschte die erste Wasserfontäne gegen das Blech.

»Manche Bäche können während der Schneeschmelze zu reißenden Strömen werden«, brüllte Jean-Paul. Dann versanken die Reifen in ziehender Flut. Der Wagen schlingerte wie ein Dampfer ohne Stabilisatoren – bis wir das andere Ufer erreichten und zwischen säulenartigen Pfropfen weiterratterten.

Als starker Regen an die Scheiben des Landrover trommelte, verschwamm die Landschaft hinter dem Tropfenvorhang zu einer stürmischen, frostigen Ödnis.

Nebelschwaden umflatterten uns. Und der Wagen tauchte in eine milchige Suppe; tastete sich mit Scheinwerferlicht durchs Grau und verlor sich in einer unsichtbaren Welt.

Wir fuhren im Schrittempo und schoben uns im ersten Gang über Buckel und Querrillen. Rechts und links sah es aus, als schauten wir aus dem Flugzeug. Was mochte wohl jenseits des grauen Nichts sein? War da überhaupt was? Und weil wir nichts sahen, hielten wir alles für möglich ... auch, daß die Piste plötzlich abbrach, durch einen Erdrutsch abgerissen über einem Abgrund endete, und wir Hunderte von Metern fielen und auf tieferliegendes Lavagestein aufschlugen ...

Unvermittelt tauchte, wie von Geisterhand in diese Einsamkeit hineinprojiziert, ein riesiges Schneefeld vor uns auf.

Für den Bruchteil einer Sekunde verlor Jean-Paul die Kontrolle über den Wagen, als er das Lenkrad scharf nach rechts einschlug.

»Die Räder drehen durch! Verdammte Karre!«, stieß er wütend hervor und trat mit voller Kraft das Bremspedal durch. Wir wurden von den Sitzen gerissen und stießen uns die Knochen.

»Los, gib noch mal Gas. Mach schon!«

Das Getriebe rasselte, der Motor heulte und der Auspuff spuckte fettige, schwarze Wolken. Zurück, vor, zurück, vor. Vergeblich. Die Reifen griffen nicht.

»Es hat keinen Sinn. Hier kommen wir nicht weiter. Wir stecken fest.«

»Das wär's dann wohl«, meinte Christopher lakonisch. »Von nun an werden wir zu Fuß gehen müssen!«

Ich schaute Jean-Paul fragend an.

Er nickte nur kurz und sagte: »Tut mir leid, aber das Schneefeld ist zu groß. Da komme ich mit dem Landrover nicht durch. Jammerschade, aber es geht nicht.«

Also machten wir uns daran, den Wagen freizuschaufeln. Eine halbe Stunde später kletterte Jean-Paul wieder in den Landrover und legte behutsam eine Hand aufs Lenkrad. Mit der anderen griff er unters Armaturenbrett zum Zündschlüssel, fummelte daran herum und drückte zugleich mit dem rechten Fuß das Gaspedal durch. Der Motor sprang sofort an und der Wagen ruckte nach hinten.

»Hurra! Die Karre ist wieder frei!«, jubelte er und reichte unser Gepäck nach draußen.

»Ihr werdet ganz schön schleppen müssen. Haltet die Ohren steif. Macht's gut! Ich wünsche euch viel Glück!«

Dann knatterte er mit seinem Landrover davon, und schon war er verschwunden.

Einen Moment lang blieben wir neben unseren Habseligkeiten stehen; in einer abgelegenen und unbewohnten Region, fern vom Rest der Welt, wo alles, wirklich alles passieren konnte.

Der plötzliche Schock der Einsamkeit schien im ersten Augenblick des Alleinseins beinahe greifbar.

Dann wandten wir unsere Aufmerksamkeit der rauhen Landschaft zu und rüsteten zum Aufbruch.

8. KAPITEL

Zu Fuß durch das Land der Trolle

Unbewachsene Landflächen wirken wie ein Spiegel. Sie zwingen dich, über dich selbst nachzudenken.
FRIEDRICH ABEL

Vor uns breitete sich eine urwüchsige Landschaft aus: Lava überzog die Erde, soweit das Auge reichte. Schwarze, abweisende Lava.

Wir gingen über Lava, saßen auf Lava, schliefen auf Lava, lebten mit der Lava von Angesicht zu Angesicht, tagaus, tagein.

Nie zuvor hatten wir eine derartige Landschaft gesehen, wenn man überhaupt von einer Landschaft sprechen kann.

Das also war die Lavawüste Odadahraun! Land, das kaum eine Pflanze nährte, und durch nichts mehr genährt wurde, als durch die Glut des Erdinneren. Erde in ständigem Umbruch und unentwegter Verwandlung. Das Antlitz der Erstarrung, des Todes; aber auch des Neugeborenen.

Unsere Blicke flogen über die brockenübersäte Weite, die wie eine hingeschmolzene, schwarzglänzende Lederhaut wirkte. Nirgends grüne Wiesen oder dichte Wälder, keine Äcker oder Felder; weit und breit sahen wir nur blätterteigähnliche Lavaströme; unterbrochen von eigentümlich gerundeten Steinblöcken, die verloren und zerstreut übereinander lagen, als habe jemand prall gefüllte Säcke aufgestellt.

Dieses kohlenschwarze Land war nicht nur das Werk des inneren Erdfeuers, sondern auch Gepräge des höhnischen Windes, der hin und her fegte, wie um zu wachen, daß hier ja kein Leben entstehe.

Manchmal kam uns der Verdacht, daß man uns zum Narren hielt. War hier draußen im Odadahraun die Traumfabrik Hollywood? Eine Scheinwelt, die kunstvoll unsere Sinne verwirrte? Morgen schon, wenn die skurrilen Kulissen abgebaut waren, würden wir vermutlich herzlich lachen über den vortrefflich gelungenen Scherz.

Nein, diese scharfgeschliffenen Lavabrocken waren keine Attrappen aus Hollywood, die man von hier, von Island, zurück nach Kalifornien transportieren konnte. Das war erbrochene Glut aus dem Bauch der Erde.

Von fern drangen die Schreie irgendwelcher Vögel zu uns herüber. Als das Gekreische lauter wurde, erkannten wir Raubmöwen.

»Was meckern die denn?«

»Die haben hier bestimmt irgendwo ihre Nester versteckt«, sagte ich, als uns zwei Möwen schimpfend umkreisten. Vermutlich hatten wir uns ohne Wissen an ein bebrütetes Gelege herangemacht. Und das Brutpaar verteidigte nun, in elterlicher Sorge um ihre Jungen, sein Territorium.

Krakeelend ließen sie sich plötzlich fallen, stießen zu und jagten uns einen gehörigen Schrecken ein.

»Jetzt reicht's!« brüllte Christopher.

»Sei froh, daß das nur Scheinangriffe sind. Wenn die Möwen mit ihrem Schnabel richtig zustoßen . . .«

»Wir sollten lieber machen, daß wir von hier wegkommen«, fuhr mir Christopher ins Wort. Er hatte recht. Denn diese angriffslustigen Raubmöwen waren uns nicht geheuer.

Ich mußte an Alfred Hitchcocks Film ›Die Vögel‹ denken. In einem amerikanischen Küstenort werden Möwen und anderes Fluggetier auf eine sonderbare Weise aggressiv und fallen in Scharen über die Menschen her, um sie mit Schnabelhieben zu zerfleischen. Was für eine Horrorvorstellung!

»Also los, weg hier!« Und wir rannten los. Nein, rennen konnte man das eigentlich nicht nennen.

Immerhin schleppten wir ja reichlich Gepäck mit uns herum: 40 Kilogramm wog das Faltboot, weitere 60 die Ausrüstung samt Lebensmittel und Kamera-Equipment. Da läuft es sich nicht gerade leichtfüßig.

Wir schwankten also mehr wie Betrunkene und schnappten atemlos nach Luft, als die Möwen endlich von uns abließen und wider Erwarten abdrehten. Ärgerlich plärrend stoben sie davon. Braungraue Gleiter über einem Wellenmeer aus Lava.

Am Abend verflüchtigte sich das Licht der von Hochnebeln schlierigen Sonne. Wolken türmten sich am Himmel übereinander. Und mit der Schnelligkeit einer Springflut trieb sie der heftige Wind über unseren Köpfen zusammen.

Düsternis breitete sich bis zur Unendlichkeit aus. Die Sonne saß nun in einem unförmigen dunkelgrauen Wolkensack gefangen und strahlte letzte dünne Notsignale aus.

Eine halbe Stunde später braute sich über unseren Köpfen eine Suppe zusammen, die wir in der Nacht auslöffeln sollten.

Aus dem schwarzen und niedrigen Himmel prasselten schwere Tropfen auf die Lavaschlacken. Wasser rann von Kapuze, Bart und Schulter. Zwischen Himmel und Erde stand ein dichter Regenschleier. Wir hielten nach einem Lagerplatz Ausschau, konnten aber nirgends eine Biwakmöglichkeit entdecken. Also schlitterten wir weiter über das schlüpfrige Geröll.

Als der Regen ein wenig nachließ, erleuchtete ein erster Blitz das geheimnisvolle Odadahraun. Donner rollte, und das Ohr konnte dieses Lärmvolumen kaum ertragen. Wir zogen den Hals ein und krümmten uns. Wir wollten davonlaufen, flüchten, uns verstecken. Aber wo?

Abermals krachte es nach blendenden Lichtreflexen. Man hätte meinen können, die Wüste der Missetäter sei zu einem Ziel geworden, auf das sich die Blitze wie Artilleriefeuer einschossen.

Nebelschwaden wogten uns entgegen, flossen vorbei und schlossen sich hinter uns zu einer undurchdringlichen Wand. Skurrile Schattengestalten wanderten umher, und in unserer Phantasie entstanden Bilder tiefer Urangst: riesige Trolle, Kobolde und Fabelwesen. Wir waren nicht mehr allein.

Natürlich wußten wir, daß diese Wesen mit den drohenden Gebärden nur Einbildung und Hirngespinste waren, aber dennoch fiel es uns zuweilen schwer, zwischen Realität und Erscheinung zu unterscheiden. Was nützt schon die Erkenntnis, daß man sich von Äußerlichkeiten nicht täuschen lassen soll, wenn langsam die Furcht in einem hochkriecht. Wann immer wir abends in unseren Schlafsäcken lagen, und der Nebel auf das Zelt drückte, lauschten wir angespannt in die Nacht oder träumten mit offenen Augen.

»Da . . .!«

»Was?«

»Irgend etwas habe ich gehört.«

Stille und Anspannung. Es war, als hätte sich das Hören auch auf die Haut verlagert. Ich öffnete den Mund und lauschte, und auch der Mund schien zu sehen und zu hören. Es war schon was dran, daß sich bei Gefahr eine andere Form des Hörens einstellt.

»Da ist es wieder!«

»Ja, ich höre es auch.«

Ein Tapsen, ein Knacken, ein Krachen. Irgendwo raunte und wisperte es.

»Hörst du sie?«

Neugierde und Angst stritten in uns.

»Ja, da sind sie wieder. Geben einfach keine Ruhe, diese rumorenden Dämonen.«

Fern und nah, überall regte und bewegte es sich. Stöhnende, brausende, bis ins Knochenmark alles durchdringende Laute trug der Wind zu uns herüber.

»Wenn wir die gespenstischen Unholde in Ruhe lassen, werden sie uns bestimmt nichts tun«, meinte Christopher.

Ich grinste. »Zuviel Tolkien gelesen, was?«

9. KAPITEL

Das Antlitz eines fremden Sterns

Es genügen eine gerade Linie am Horizont, ein Stückchen Himmel oben und ein wenig Sand unten.

CARLO CARRETTO

Eines Nachts erhob sich ein kräftiger Wind und wirbelte den feinen Aschesand auf. Die Zeltschnüre scheuerten an den Lavabrocken, die wir auf die Heringe gerollt hatten, und waren kurz davor, zu reißen. Schlaftrunken stürzten wir aus dem Biwak. Draußen empfingen uns schneidende Böen, die mit Getöse heranfegten. Ein dunkler Vorhang verwischte die andauernde Helligkeit der Mitternachtssonne. Und die trockene Luft nahm uns den Atem.

Wir banden Taschentücher vor den Mund und griffen nach den umherschlagenden Schnüren, als eine wilde Böe unter das Zelt fuhr und die dünnen Perlonwände beutelte. Entschlossen zerrten wir die sich aufbäumende Zeltplane nieder, bändigten sie, machten einige Knoten und krochen völlig durchfroren, Aschestaub spuckend und nach Luft würgend, ins windumjagte Biwak zurück.

Es war schon nach Mitternacht, als wir erschöpft einschliefen. Bilder von eisigem Sturm, reißenden Stromschnellen und trostloser Einöde verfolgten uns bis in den Traum. Wir sehnten uns nach Wärme und Geborgenheit.

Als wir am anderen Morgen aus dem Zelt krochen, hatte sich der Wind noch immer nicht beruhigt. Er traf uns mit voller Wucht ins Gesicht, und die Augen füllten sich mit Tränen. Wir schwankten, blieben nur mit Mühe auf den Beinen. Wenn wir Atem holen wollten, mußten wir die Hand vors Gesicht nehmen.

Um uns herum trieb der Wind die staubleichte Asche in Wirbeln und Spiralen vor sich her, bis sie plötzlich wieder in sich zusammenfielen. Der Horizont verschwamm, und wir wußten nicht, wo diese trostlose Ebene endete und wo der Himmel begann. Es war so klirrend kalt, daß wir am liebsten wieder Schutz im Zelt gesucht hätten. Nur dort schien es uns erträglich.

Erst gegen Mittag legte sich der Sturm, und wir konnten unseren Marsch fortsetzen. Stundenlang ackerten wir uns schwerbepackt über hartes, windpoliertes Lavagestein; stiegen durch Senken und Rinnen; passierten Lavawelle auf Lavawelle. Je mehr wir uns der Natur anvertrauten, desto dichter und geheimnisvoller wurde sie. Je mehr wir in die Ödnis vordrangen, um so schwieriger war es, die mannigfaltigen Eindrücke zu verkraften.

Ganz allmählich erschien uns die Missetäterwüste, im stetigen Wechsel des mal harten und weichen Lichts, als ein imaginärer Planet.

Das Antlitz eines fremden Sterns – Lichtjahre von der Erde entfernt – dessen Festlandfläche ausschließlich aus Lavagestein bestand.

Christopher und ich waren uns einig: Diese fremde und zerborstene Welt konnte man nicht intensiver erleben als zu Fuß. War es nicht ein Glücksfall gewesen, daß der Rover vor einigen Tagen in einem Schneefeld stecken blieb, und wir nun über Lapilli-Felder marschierten, über Lavaströme mit endlosen Spalten und Verwerfungen, mit Kraterburgen und tiefen Kesseln?

Manche dieser Kraterkessel bestiegen wir. Warum? Eigentlich nur, um festzustellen, daß der windgeschützte Schüsselboden mit Sand oder feinem Schotter bedeckt war. Die fast senkrechten Schüsselwände – durchzogen mit Nischen und Halbhöhlen – wirkten im Gegensatz zu den weichen, sanft abfallenden Außenwänden abweisend und schroff.

Manchmal hockten wir uns auf den Boden dieser urzeitlichen Kraterränder und blickten hinunter in die Tiefe, wo sich zumeist eine breite Mulde befand, die sich durch den Einsturz eines unterirdischen Hohlraums gebildet haben konnte. Wahrscheinlicher aber war es, daß die glattgeschliffenen Schüsselwände nach einer Explosion des Erdinneren in sich zusammengerutscht waren.

Wenn wir mit der Hand über die erkalteten Schlacken strichen oder den schwarzen Aschesand durch die Finger rieseln ließen, trieben die Gedanken in die düstere Unendlichkeit, wo einst die Vogelfreien in Lavahöhlen Unterschlupf gesucht hatten. Wie hatten die Geächteten hier überlebt? Woher bekamen sie die lebensnotwendigen Nahrungsmittel? Was taten sie bei Sturm, Kälte und Schneefall? Gab es für sie überhaupt eine Chance, gegen Naturgewalten und Hunger anzugehen? Oder hatten sie ihrem Leben selbst ein Ende gesetzt? Hatte vielleicht keiner von ihnen die Verbannung lebend überstanden?

Die Antworten blieben für uns in jenem geheimnisvollen Dunkel, aus dem Heldensagen, Legenden und Märchen entstehen. Anzeichen oder etwaige Hinweise, ob Vogelfreie ihre Vertreibung in die Wüste der Missetäter überlebten, fanden wir nicht.

10. KAPITEL

Wolken

Ich könnte mir vorstellen, daß ein Mensch auf die Erde hinabblickt und behauptet, es gebe keinen Gott. Aber es will mir nicht in den Sinn, daß einer zum Himmel aufschaut und Gott leugnet.

ABRAHAM LINCOLN

Langsam aber stetig kamen wir voran. Wie schwerelos gingen wir über den brüchigen Lavaboden.

Gehen, einfach gehen, immer weitergehen, nur weiter. Wie unwichtig beim Gehen das Ziel wurde. Der Weg, die Strecke war das Ziel.

All unsere Gedanken hingen an den Schritten, die wir jetzt taten, und an der Aussicht, die sich uns gerade bot, in diesem Augenblick. Wir dachten nicht an die Minuten vorher und nicht an die Minuten, die folgten.

Die Tage fanden ein ruhiges Gleichmaß, und wir bekamen eine andere Einstellung zur Zeit. Das war es, was an dieser wüsten Landschaft so faszinierte: Es gab keine Ablenkungen, mit denen wir uns hätten davonmachen können. Wie leicht und frei plötzlich alles war!

In dieser Atmosphäre, wo wir Stunde für Stunde intensiv erlebten, entwickelte sich für uns das Schauspiel des Wenigen und Großen am Himmel: Überanstrengt und nach Atem schöpfend, begann das minutenlange Verschnaufen mit einem Blick zum Himmel: »Hey, sieh mal da!« Dort trieben mächtige weiße Wolken, große freundliche Berge in einem makellosen Blau.

Dort hinein konnten wir ganz zwanglos Gedanken denken – und wir hatten Zeit zum Atmen – Zeit zum Leben.

Manchmal war eine grenzenlose Zufriedenheit in uns. Kein Wunsch, kein Bedürfnis. Es war, als hätten wir uns in eine fremde Zeit, eine fremde Wolkenwelt gestohlen. Wir sahen weiße Wolken am Morgen, Wolken im blauesten Himmel kurz vor Mittag. Schäfchenwolken wie Aquarellfarben auf einem feuchten Blatt Papier am Spätnachmittag. Schillernde Wolkenbänder im tiefsten Violett am Abend. Nichts, auch das Meer nicht, ist verwandlungsfähiger. Was wäre Island ohne Wolken! Sie sind wie das Phänomen des Lebens selbst: voller Überraschung, Verwirrung, Bewegung, Herrlichkeit und stiller Melancholie.

Das ätherische Reich, das den Reisenden auf seinen Flügen umgibt, erschien uns über Island mannigfaltig wie die Schöpfung:

Manchmal zogen zerfledderte Federwolken über uns hinweg, die Vorboten eines herannahenden Tiefs; dann brauten sich tiefhängende Wolkenbänke zusammen, mit anhaltenden heftigen Regenfällen; blumenkohlförmige Haufenwolken, die auf schönes Wetter deuteten; oder feine Wolkengebilde, die in Linien oder Streifen angeordnet Zeichen für Schönwetter waren; ab und zu auch kugelige, aufquellende Wölkchen mit hellem Rand und grauer Mitte, die uns ein Gewitter ankündigten. Nicht zu vergessen die grauen Schichtwolken, die zusammen mit Nebel den Horizont verschwinden ließen.

Häufig durchdrangen die schematisch so übersichtlich geordneten Wolken auch einander, nicht nur als Erscheinung, sondern vor allem in ihrer Wirkung. Die Konsequenz: Kein sonnenreicher Himmel, sondern Niederschläge, Sichtverringerung, Hagel oder Gewitter.

11. KAPITEL

Gehen über Lava

Gehen – innehalten – gehen: Ideale Seinsweise.
PETER HANDKE

Wie Schnecken, die ihr Haus auf dem Rücken mitschleppen, trugen wir das Zelt und unser Gepäck in den Rucksäcken. Die Schlepperei von Kajak und Ausrüstung hatte es ganz schön in sich. Und der schaurige Wind, gegen den wir anzugehen hatten, machte es uns doppelt schwer. Wir mußten uns bei jedem Schritt konzentrieren, um auf der zerborstenen Erde nicht zu stürzen.

Meist war der nächste Steinklotz oder die nächste Kraterburg das Ziel unseres Marsches, obschon wir häufig den Eindruck gewannen, diesen ausgeguckten Punkten keinen Deut näher zu kommen.

Zuweilen erschien uns das beschwerliche Vorwärtsgehen wie ein Auf-der-Stelle-Treten. Und ich ertappte mich dabei, meine Schritte zu zählen, ein zermürbendes, sinnloses Tun. Immer intensiver keimte in uns der Wunsch, sich hinzusetzen, um die Schuhe von den geplagten Füßen zu streifen und die müden Beine auszustrecken; denn die Anforderungen dieses Wüstenmarsches waren größer, als wir es uns vorgestellt hatten. Aber was soll man auch erwarten von einer Lavawüste?

Mit vollem Gepäck mußten wir nach jeder halben Stunde eine Viertelstunde Rast einlegen. Der Grund dafür lag nicht so sehr in einer allgemeinen Regeneration, als in der Erholung der Füße. Somit zogen wir bei fast jeder zweiten Rast die Stiefel und Strümpfe aus, um zu verhindern, daß die Haut in den Schuhen feucht und weich wurde und damit zur Blasenbildung neigte. Mit kaputten Füßen sein Marschziel erquälen, ist eine Strafe Gottes, der wir entgehen wollten.

Gleichwohl war das einfache Gehen über Lavagestein eine ungeheure Herausforderung für uns und wurde somit schon selbst zur Unternehmung. Auto, Zug oder Flugzeug sind dagegen doch nur Verkehrsmittel, die den Zweck erfüllen, an irgendein Ziel zu gelangen. Man sitzt in einer Art von Abteil, schaut durchs Fenster und wird zum passiven Zuschauer, während draußen irgendein Film abläuft. Doch beim Gehen ist man mitten drin, erlebt alles viel direkter. Plötzlich ist der gleichförmige Fensterrahmen weg, und man ist mit der Natur ganz in Fühlung. Die Lava ist echt. Kein Kino, kein Film.

Nur so fanden Christopher und ich die Grenze der eigenen Belastbarkeit. Eine Grenze, die niemals fest definiert ist. Im Gegenteil. Sie verschiebt sich von Jahr zu Jahr und ist flexibel und vom Zustand des eigenen Körpers abhängig, den man natürlich beeinflussen kann, ebenso wie man sich Ausdauervermögen antrainiert und seinen Willen festigt.

Jene Tage im Odadahraun übten eine eigenartige Wirkung auf uns aus: Von Zeit zu Zeit glaubten wir, wir würden verrückt von all dieser Weite, in der sich der Blick unentwegt verlor.

Mitunter fragten wir uns, ob wir in die Zukunft schauten? Standen wir hier mitten im Zerstörung suggerierenden Odadahraun, an der Schwelle eines nicht mehr fernen Tages: Wo die Erde nach dem Inferno einer Atomkatastrophe zu einem flammenden Höllenschlund geworden war, der sich wieder nahm, was ihm gehörte?

Wir kamen zu der Erkenntnis, daß dieses phantastische und unbegreiflich öde Gebiet der Spiegel ist, den man der Menschheit vorhalten sollte, damit sie begreift, wie die Erde aussieht, wenn man sie weiter zerstört.

12. KAPITEL

Jedermann braucht eine Wüste

Wenn man so lange die großen Weiten durchstreift hat und dabei bis zu den Sternen, nein, über die Sterne hinaus gelangt ist, kehrt man mit anderen Augen zurück. BERNARD MOITESSIER

Tagaus, tagein verschwammen die Stunden durch den dichter werdenden Schleier unserer Müdigkeit. Besonders die ersten Schritte am Morgen waren immer die unangenehmsten. Steif und tapsig bewegten wir uns vorwärts. Die vom Vortag noch müden Knochen und Muskeln mußten erst richtig ›warm‹ werden, bevor sie voll strapaziert werden konnten.

Wenn wir gelegentlich Geröllhalden mit feinem Sand durchquerten, versanken unsere Füße bei jedem Schritt knöcheltief. Graue Kieselsteine umschlossen die Fußgelenke und wir drohten wegzusacken; mußten Kraft anwenden, die Stiefel wieder herauszuziehen. Unter der Last des Rucksackes fluchten wir: »Zum Teufel auch!«

Erschrocken fuhren wir manchmal zusammen, wenn die Lava unter unseren Füßen wegbrach. Sofort kontrollierten wir die Balance und waren wütend über den eigenen Konzentrationsverlust. Wir mußten noch mehr achtgeben; durften uns nicht verausgaben und keine Verletzung riskieren, denn dann wäre unser geplantes Unternehmen sofort jämmerlich gescheitert.

Die am begierigsten herbeigesehnten Augenblikke waren mittags und abends, wenn wir den ersten Becher heißer Kraftbrühe tranken und wußten, daß noch ein weiterer folgen würde, der unseren strapazierten Körpern neue Energie zuführen würde, ehe die Plackerei des Weitergehens begann.

Schritt für Schritt gingen wir nicht nur durch Lavafelder, sondern auch in unserem eigenen Denken umher. Anfangs noch unbewußt, aber dann intensiver bemerkend, machten wir Gedankengänge; schritten außen und innen durch eine Wüstenlandschaft. Und so veränderte sich im Gehen nicht nur das Landschaftsbild der Missetäterwüste, sondern auch das eigene Ich.

Sven Hedin, der Erforscher vieler Wüsten, hatte dazu einmal gesagt: »Jedermann braucht eine Wüste.«

Und bei Wilfred Thesiger, der ebenfalls sein Leben abgeschiedenen, kontemplativen Landschaften widmete, las ich: »Niemand vermag in der Wüste zu leben, ohne als ein anderer Mensch daheraus heimzukehren. Er wird immer, und sei es auch unsichtbar, das Zeichen der Wüste tragen, das Brandzeichen des Nomaden.«

Am fünften Tag – nach 50 Kilometern – stand im Süden mächtig, erhaben und weiß der Vatnajökull gegen einen Himmel in Technicolor.

»Mensch, schau' mal, der See!«

»Das gibt's doch gar nicht.«

Träumten wir?

Ja, wir träumten, aber dieser Traum war wahr. Vor unseren Augen breitete sich ein türkisblauer Gletschersee aus, auf dessen Oberfläche haushohe Eisberge trieben, die wie Türme von Schlagsahne wirkten.

Statt kantiger Lavatrümmer sahen wir harmonische Wellenkräuselungen, die vom sanften Windhauch herrührten, der über das Wasser strich.

»Dort hinten ist der Flußlauf des Jökulsá á Fjöllum«, sagte Christopher und wies zum Ausgang des Sees.

»Mann, oh Mann, dieses Rauschen ist ganz

schön laut. Das wird uns bestimmt noch schlaflose Nächte bereiten.«

Dann schweiften unsere Blicke wieder zum kalbenden Gletscher. Vorbei an den zyklopischen Treibeisschollen, die im gleißenden Licht funkelten.

»Wer soll diese Welt verstehen?«, stieß ich verwirrt hervor. »Eben noch die abweisende Fremde eines leblosen Planeten . . . und nun ein Wunderland aus Wasser und Eis . . .«

»Irgendwo dort oben auf dem Gletscher entspringt der Jökulsá«, meinte Christopher.

»Ja, durch heiße Dämpfe schmilzt das Eis zu Wasser und zwängt sich unterirdisch als Fluß ins Freie . . .«

Zaghaft steckte ich eine Hand ins Gletscherwasser.

»Puuuuh«, kam es erschrocken aus mir heraus. »Das Wasser ist eiskalt. Ohne Schutzanzug ist der Sturzfluß nicht zu befahren.«

»Nur gut, daß wir die Trockenanzüge dabei haben. Sie werden uns vor dem eisigen Wasser schützen«, sagte Christopher und wischte sich die Feuchtigkeit aus dem Bart.

Vor der grandiosen Kulisse des Vatnajökull gleiten bizarre Eisschollen, angetrieben vom stetigen Wind, im türkisblauen Gletschersee.

Auf dem Vatnajökull-Gletscher, der die Kulisse eines Science-fiction-Films abgeben könnte, klettern wir zwischen steilen Eiswülsten und tiefen Spalten.

Am Quellsee des Jökulsá á Fjöllum, wo das Faltboot vom imposanten Massiv des Dyngjujökull eingerahmt wird, beginnt die abenteuerliche Flußfahrt.

Am Sellfoss-Wasserfall ist Achill Moser dem Wüten der Naturgewalten völlig ausgeliefert. Wie ›Alice im Wunderland‹ gleitet er durch ein Labyrinth von Eisblöcken.

Fünf Tage lang marschierten Moser und Landerer durch die größte Lavawüste der Erde. Sie kletterten über Lapilli-Felder und Lavaströme mit endlosen Spalten und Verwerfungen.

13. KAPITEL

Im Reich der Spaltenmäuler

Ich ging von der Vernunft in das Gefühl, von der Sicherheit in das Abenteuer, vom Rationalen in den Traum.
ERICH MARIA REMARQUE

Aufwärts, abwärts, aufwärts. Blankes Eis knirschte unter den Füßen; unruhig wanderte der Blick in die Weite. So weit das Auge reichte, erstreckten sich vor uns phantastisch zerklüftete Flächen, auf denen sich die Ornamentik der Spalten, Brücken und Eishöhlen abzeichnete. Tiefe Senken, weitgezogene Eisschultern, markante Spaltenzüge. Eisformationen, die wie Pyramiden wirkten. Dazwischen die blaugrünen Augen der weißen Wüste, Gletschertümpel, die tückisch im grellen Sonnenlicht aufleuchteten. Der Rundblick war nur mit einem Wort zu bezeichnen: großartig!

Die steile Eiskruste, auf der wir unseren Weg fanden, veschwand hoch oben in einem zerrissenen Eisbruch. Der Rucksack drückte und ich dachte, die Hölle hat viele Namen und auch viele Farben; eine davon ist weißblau, ebenso wie die Gletscherfelder des Dyngjujökull, über die wir mühsam aufstiegen.

Das Wetter war prächtig, fast zu prächtig. Die Sonne lag wie Silber auf den Spitzen und Graten; Rippen und Flanken traten hervor und das faszinierende Gewirr der Eisbarrieren erhielt scharfe Konturen. Mit äußerster Intensität brannten die Strahlen in

Auf der zerklüfteten Kruste des Dyngjujökull-Gletschers ist die Schöpfung noch am Werk. Lawinen reißen neue Rinnen und alle paar Minuten brechen Eismauern ein, öffnen sich Spalten, in deren Tiefe manchmal Schmelzwasserströme zum Gletscherrand rauschen.

das weiße Chaos. Von zyklopischen Eistürmen tropfte Wasser.

Das eisbedeckte Gelände war von Tausenden Spalten durchfurcht; überall klafften gesplitterte Risse, manche so groß, daß ein ganzer D-Zug darin Platz fände.

Wo wir auch hinsahen, ragten spitze Nasen starr und stumm aus gläserner Hülle; erhoben sich neben Schutt-, Geröll- und Lehmablagerungen grauweiß glänzende Eistürme, deren Zacken wie die Riesenzähne eines Krokodils wirkten.

Manchmal erlebten wir, daß ganze Wände, die für die Ewigkeit geschaffen schienen, zusammenbrachen, und sich lange Gletscherspalten und Lawinenrinnen auftaten. Niemals wußten wir, ob diese skurrilen Kartenhäuser nicht im nächsten Augenblick vom heftigen Wind einen Stoß bekamen und in sich zusammenstürzten.

Ganz plötzlich krachte und knackte es. Berstende Eistürme lösten sich in silbergrauen Nebel auf. Polternde Eislawinen rauschten zu Tale, überall ächzte es unter tonnenschwerer Last.

Zögernd, beinahe traumwandlerisch, suchten wir uns über die schroffen und glatten Eisdünen einen Weg nach oben; überquerten viele Risse, hoffend, daß die Ränder hielten; kletterten häufig mit einem Fuß über dem Nichts.

»Dieses Steigen im Eisbruch ist wie russisches Roulett! Irgendwie fühle ich mich dieser Eiskruste ziemlich ausgeliefert«, meinte Christopher. Und so legten wir uns eine fatalistische Unverletzbarkeits-Philosophie zurecht: ›Es wird schon alles gut gehen. Uns wird bestimmt nichts passieren, weil uns einfach nichts passieren darf, denn wenn etwas passiert, wird es schlimm enden.‹

Wir schauten den Gletscherlauf hinunter, der ja eigentlich auch ein Fluß war – und zwar aus bewegtem Eis. Das Panorama war überwältigend: ein permanentes Schauspiel in Schwarzweiß und intensivem Blau, das in allen Nuancen von Türkis bis Hellgrün schimmerte. Figuren von wahnwitzigen Aus-

Vor der grandiosen Mächtigkeit des Vatnajökull, zwischen tiefen Senken, weitgezogenen Eisschultern . . .

. . . und markanten Spaltenzügen, kommt man sich ungeheuer winzig vor.

maßen, die ohne Unterlaß ihr Gesicht änderten und das Gewand wechselten, sich einmal in plastischer Schroffheit, ein andermal wolkenumkränzt oder tiefverschleiert präsentierten.

Plötzliche Stille raubte uns die Sprache. Und wir schrien irgend etwas in die absolute Geräuschlosigkeit der Eiswüste, um uns von unserem Leben zu überzeugen.

Urnatur! Weite! Freiheit!

Für Augenblicke packte uns in diesem unendlich großen Raum eine merkwürdige Euphorie: Ein befreiendes Lebensgefühl ging durch den Körper. Wir fühlten ungeheure Freude. Es war, als wären alle Brücken abgebrochen, die uns mit der Welt unterhalb der Gletscherfelder verbunden hatten.

Hier gab es keine Wirklichkeit außer der Natur, die sich uns in eindrucksvoller Schönheit bot.

Mit einem Male hatten wir aufgehört die Hauptsache zu sein. Vor der grandiosen Mächtigkeit des Vatnajökull kamen wir uns winzig vor, aber zugleich größer und erhabener als je zuvor. Niemals zuvor in meinem Leben lagen der Wunsch, ewig leben zu wollen, oder auf der Stelle zu sterben, so nahe beieinander.

Dabei war die Höhe des Gletschers vollkommen uninteressant. Für dieses intensive Erlebnis war es egal, ob das Trümmerfeld des Eispanzers 2000 oder 6000 Meter über dem Meeresspiegel lag. Wichtig war nur, daß man Harmonie spürte.

Was gab es Schöneres als mit einem guten Gefühl auf der Eiskappe des Vatnajökull zu sitzen.

Früher hatte ich immer geglaubt, die Einsamkeit sei mein Feind und ich könnte ohne Menschen nicht leben. Aber jetzt begriff ich, daß das Alleinsein – auch zu zweit – ein großes Geschenk sein kann.

Weit weg von den Menschen und der Natur gegenübergestellt, kann ich Bilanz ziehen, kann ich versuchen, klarzusehen in dieser turbulenten Kette von Ereignissen, die meinem Leben immer wieder unerwartete Wendungen geben.

Man muß sich nur einen Tritt in den Hintern geben, etwas wagen, etwas für sich selbst tun, und seinen eigenen Weg gehen. Was ist schon Raum, wenn sich die Zeit auflöst?

Wind kam auf und stöhnte zwischen den Eissäulen. Aus dem Stöhnen wurden gelegentlich schrille Schreie, die dieses gefrorene Land noch abgeschiedener erscheinen ließen. Die Eisfinger des Windes wühlten in meinen langen Haaren, die ich mit einem Stirnband zu bändigen versuchte.

Mehr rudernd als gehend stiegen wir auf den Eisbruch mit seinen hohen Hörnern und markanten Zinnen, als sich der Wind schlagartig beruhigte. Eine kurze Weile ließ er ab, dann nahm er neuen Anlauf und jagte in ungezügelter Tollheit hin und her, zerrte vom Widerstand gereizt an unserer Kleidung, fauchte, stöhnte, heulte, und lauschte dann wieder seinem eigenen Getöse nach.

Als Christopher, mit Kamera und Objektiven bewaffnet, dem schier unerschöpflichen Formenreichtum der Eisfiguren zu Leibe rückte, und die abstrakten Gestalten seiner beflügelten Phantasie ablichtete, stieg ich auf der Gletscherzunge allein weiter.

In unregelmäßigem Zickzack ging ich zwischen abgrundtiefen Spalten und schwarzem Geröll. Je steiler der Weg, desto kürzer wurden die Schritte.

Behutsam zwängte ich mich durch eine enge Schlucht, und blickte staunend die senkrechten Eiswände empor, die wie Mauern von Palästen wirkten.

Einen Augenblick später geschah es.

Der Boden unter meinem rechten Fuß brach weg. Das Eis öffnete sich wie ein Reißverschluß: Ich stand am Rand einer Gletscherspalte, Schmelzwasser rauschte glucksend in die Tiefe.

Mit wild pochendem Herzen schaute ich in das Spaltenmaul, das mich um ein Haar verschlungen hätte. Der klaffende Riß im Eis war von grausam-bizarrer Schönheit. Die glatt polierten Wände waren weiß und von vereinzelten dunklen Äderchen durchzogen. Mit zunehmender Tiefe wurde die Färbung der Spalte intensiver, bis sie endgültig in dunkles Blau überging und sich dann in grundloser finsterer Tiefe vor meinen Augen verbarg.

Irgendwie genoß ich diese Momente der Angst, die auch eine Art von Vergnügen waren. Todesangst hatte ich nicht, denn dann beginnt zumeist der Film abzulaufen, der das ganze Leben im Zeitraffertempo zeigt.

Die Trittfestigkeit des Bodens vorsichtig prüfend, tastete ich mich mit den Füßen zurück; entfernte mich von den Eis-Yetis, die am Grund der Spalte lauerten, um ihre Opfer in eine Welt ohne Sonne und Licht hinunterzuziehen.

Ich stieg eine abschüssige Eisscharte hinab, bis ich stolperte und hinschlug. Meine Handflächen, die den Fall auffingen, wurden von jähem Schmerz durchzuckt; aber sofort raffte ich mich wieder auf, kletterte und krallte mich einen Eiswall hoch und rutschte auf der jenseitigen Eisplatte wieder hinunter.

Dann traf ich Christopher, der auf einer Eiswand stand, als wäre er festgefroren.

»Alles in Ordnung?«, rief er durch die zum Sprachrohr geformten Hände.

Ich nickte nur kurz.

Wenig später setzte Schneefall ein und der Wind trieb uns große nasse Flocken ins Gesicht. Nebelschleier flatterten umher. Und dort, wo sich eben noch die Lavafelder der Missetäterwüste dehnten, zogen jetzt Wolken unter uns vorbei, die wie Wolleknäuel wirkten. Kein Blick durchdrang diese milchigen Schwaden. Wir standen zwischen zwei Himmeln.

Innerhalb von wenigen Minuten waren wir eingeschlossen. Wir konnten keine fünf Meter weit sehen. Ringsum nichts als milchiges Weiß. Und die klirrende Kälte, die durch den Wind noch verstärkt wurde, setzte uns mächtig zu. Der Mensch ist eben erbärmlich schlecht für den Kampf gegen die Kälte gerüstet.

Da der Wind eine nicht zu unterschätzende Größe ist, unterscheidet man zwei Temperaturbegriffe: die absolute Temperatur, meßbar mit dem Thermometer, und die relative Temperatur, die man direkt auf der Haut spürt. Sie setzt sich aus absoluter Temperatur und Windgeschwindigkeit zusammen.

Meteorologen haben ausgerechnet, wie kalt der Mensch zum Beispiel Luft von gleichbleibend minus 7 Grad empfindet, wenn die Windgeschwindigkeit steigt:

Wind-geschwindigkeit (km/h)	Empfundene Temperatur (Grad)
0	– 7
20	– 18
40	– 26
60	– 29

Ist der Wind nicht trocken, sondern transportiert eine Vielzahl winziger Eiskristalle, kühlt er noch stärker. Bei einer Lufttemperatur von minus 20 Grad entzieht ein Eissturm mit 140 km/h dem Körper so viel Wärme wie ruhende Luft von minus 180 Grad.

Wir legten den Rucksack ab, verschnauften und ruhten uns aus. Es wäre ohnehin Wahnsinn gewesen, bei dieser Witterung weiterzugehen. Das Eis wies überall schlüpfrige Stellen auf, die ein Gehen im Nebel unmöglich machten.

»Ich glaube, es ist besser, wenn wir warten«, schlug ich vor. »Irgendwann muß sich ja der Nebel wieder verziehen.«

Zwei Stunden später löste sich der Nebel wie ein Zaubervorhang auf. Die Umwelt begann sich neuerlich abzuzeichnen. Über der Eiskappe des Gletschers breitete sich ein stahlblauer Himmel aus, wie wir ihn über Island noch nicht erlebt hatten. Nur vereinzelte Nebelschleier schwebten um die Häupter der höchsten Eisriesen; hatten aber nichts Bedrohliches, sondern wirkten vielmehr wie verspielte Flugdrachen.

Nun war die Sicht besser, und wir konnten vom Trümmergewirr des Vatnajökull absteigen und zum Biwak zurückkehren; dorthin, wo der Schlafsack Wärme und Geborgenheit gab, wo das Zelt eine Rettungsinsel war, die vor Sturm und Abgründen schützte; und wo der Jökulsá á Fjöllum seine ungestüme Reise zum Nordmeer begann.

14. KAPITEL

Alice im Wunderland

Ich bin sicher, daß es keinen anderen Weg gibt als den meinen; aber manchmal weiß ich nicht, ob ich auf einem Weg bin. PETER HANDKE

Am Ufer des türkisfarbenen Gletschersees begannen wir mit dem Aufbau des Faltbootes, wir entnahmen aus dem Rucksack und der Stabtasche alle Bootsteile, breiteten sie auf dem Boden aus und klappten die vordere Gerüsthälfte – mit langem, schrägem Steven zur Bootsspitze – nach außen auf. Hiernach wurden die Querspanten, kurz Spanten genannt, eingebaut und durch Riemen arretiert. In gleicher Art setzten wir die hintere Gerüsthälfte mit den Heck-Spanten zusammen – und schoben beide Gerüstteile in die Bootshaut.

Zur Erzielung guter Fahreigenschaften war eine glatte und straff auf dem Bootsgerüst sitzende Faltboothaut von großer Wichtigkeit. Da die Faltboothaut – wie jedes textile Flächengebilde – durch Einfluß von Temperatur und Luftfeuchtigkeit gewissen Maßänderungen unterliegt, ließ sich die zur Straffung des Bootskörpers dienende Bodenleiter nur schwer in den vorderen und hinteren Gerüstteil einfügen. Also mußten wir all unsere Kraft aufwenden, um die Bodenleiter durchzudrücken und den PVC- und Stoffmantel, sowie die Bordwände zu spannen.

Als wir die Süllrandleisten in den Schlauch des Bootsverdecks eingeschoben und die Steuereinrichtung, sowie die Spritzdecke befestigt hatten, waren wir trotz Kälte und Wind von Schweiß gebadet.

Pouch-Faltboot

1 Gerüstvordersteven
2 Gerüsthintersteven
3 Bodenleiter
4 Bordwand, vorn li.
5 Bordwand, vorn re.
6 Bordwand, hint. li.
7 Bordwand, hint. re.
8 Süllrandleisten hinten rechts und li.
9 Waschbord, vorn li.
10 Waschbord, vorn re.
11 Waschbord, hint. li.
12 Waschbord, hint. re.
13 Waschbordspitze
14 Waschbordabschluß
15 Firstleiste, vorn
16 Firstleiste, hinten
17 Sente, vorn li. u. re.
18 Senten, vordere Mitte, rechts und links
19 Senten, hintere Mitte, rechts und links
20 Sente, hinten re. u. li.
21 Sitze, vorn u. hinten
22 Rückenlehne, vorn
23 Rückenlehne, hinten
24 Spant 1
25 Spant 2
26 Spant 3
27 Spant 4
28 Spant 5
29 Spant 6
30 Spant 7

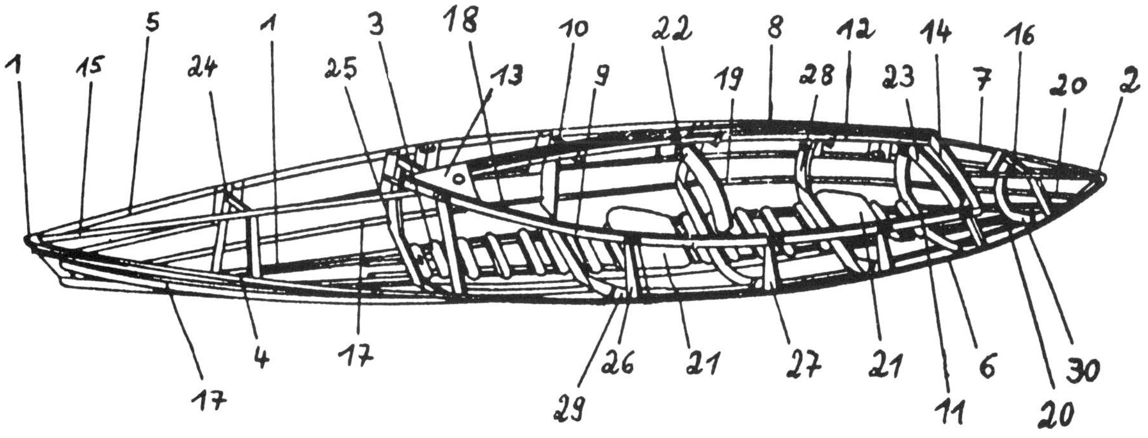

Wie ein Puzzle hatten wir alle Holzspannten und -leisten zusammengesteckt und mit Lederriemen verknotet. Nicht ein Teil war genagelt oder verleimt worden. Alles war beweglich, um dem Bootskörper eine flexible Stabilität zu geben. Nur so war es möglich, daß der Kajak einen Aufprall geschmeidig abfing.

Nach einem halben Tag geduldiger Arbeit lag das 5,20 Meter lange und 80 Zentimeter breite Faltboot in seiner Gesamtlänge vor uns. Wir schoben die aufgeblasenen ›Spritzbeutel‹, die für genügend Bootsauftrieb sorgen sollten, in Heck und Bug, steckten die Doppelpaddel ineinander und verstauten das Gepäck. »Ich bin gespannt, ob unser Kahn mit der ganzen Ausrüstung überhaupt schwimmt«, meinte Christopher. Behutsam hoben wir das schwerbeladene Faltboot auf die Schultern und ließen es zu Wasser, wo es übermütig schaukelte und – schwamm.

»Jetzt kann es losgehen!« stieß Christopher erleichtert hervor.

»Woll'n doch mal sehen, was das Schicksal für uns noch so bereithält.«

»Angst?«

Ich schüttelte den Kopf.

»Nein«, ich fürchtete mich nicht, ich hatte keine Angst, obschon ich mir der Gefahren bewußt war. Ich wußte, daß der Jökulsá nicht die Elbe war. Dieser Gletscherfluß war wilder als andere Flußläufe. Wir würden auf der Hut sein müssen, mit allem rechnen, und auf jede bekannte Gefahr vorbereitet sein – und auch auf die unbekannte. Auch darauf, im schlimmsten Fall das Boot zu verlieren. Dann allerdings würde es äußerst schwierig werden in die bewohnte Welt zurückzukehren.

Von einer Eisscholle aus fotografiert Christopher Landerer die zimmergroßen und haushohen Eisberge, die sich reibend, stoßend und mahlend aneinander bewegen, bis sie mit Getöse zerbrechen.

Fasziniert gleitet Achill Moser mit erhöhter Wachsamkeit . . .

. . . durch eine Szenerie aus Eisblöcken.

Wir stiegen ins Faltboot und schafften uns für die Beine genügend Platz. Endlich, wir saßen!

»Alles roger!« rief ich nach hinten. »Wir sind klar zum Start. Nirgendwo dringt Wasser ein.«

»Okay! Auf geht's!«

Und wieder einmal war es wie schon am Nil, wie schon am Niger – ein großer Augenblick, als unsere Paddel in das Wasser eintauchten.

Der See schimmerte und glitzerte an manchen Stellen, und wir erkannten, daß die Oberfläche des Wassers mit kleinen Eispartikeln bedeckt war, in denen sich die Sonnenstrahlen brachen. Unser Faltboot schnitt einen schmalen Kanal in das auf und ab wippende Eis, und die sanfte Bugwelle ließ kleine Eisklümpchen tanzen. Wie seltsam, in dieser unwirtlichen Umgebung im Faltboot zu sitzen!

Fasziniert glitten wir mit erhöhter Wachsamkeit durch einen märchenhaften Eistunnel, schoben mit dem Paddel einige Eisstücke beiseite und gelangten in ein Labyrinth von Eisblöcken. Was für eine Szenerie! »Dieses Glitzern. Diese Stille. Dieses gedämpfte Licht. Ich fühle mich wie Alice im Wunderland!«

Zimmergroße, bungalowgroße, haushohe Eisberge bewegten sich reibend, stoßend und mahlend aneinander. Manche drifteten, angetrieben vom stetigen Wind, über den See. Und wir hatten unsere liebe Not, den Hindernissen auszuweichen.

Auf einer flachen Eisscholle setzte ich Christopher ab. Er wollte Fotos machen, wie ich an die Gletscherwand paddelte; dort sollte ja die eigentliche Faltboot-Expedition beginnen.

Als sich über mir die Eiswände bis zu zwanzig Meter erhoben und Schmelzwasser vom blanken Eis herablief, das vom Quellsee des Jökulsá gespeist wurde, spürte ich ein mulmiges Gefühl in der Magengegend.

Plötzlich hörte ich einen Knall. Unheimlich laut, wie der Schuß eines Gewehres. Ich zuckte erschrocken zusammen und schaute mich um. Ein Eisblock spaltete sich von der Gletschermasse. Mit fürchterlichem Getöse stürzte er in das Wasser. Tausende von nadelscharfen Eispartikeln stoben in die Luft. Instinktiv duckte ich mich. Und Christopher machte Fotos. – Doch es gibt Eindrücke, die kann man nicht fotografieren.

Minuten später löste sich hinter mir erneut eine Kaskade von Eistrümmern und prasselte in den Rinnen zwischen den Eisbergen hinunter. Ein Bombardement von Eisstücken und Splittern.

Jetzt aber nichts wie weg!

Wenn einer dieser Eisblöcke das Faltboot traf, wäre es in weniger als einer Sekunde zertrümmert. Ich hätte kaum eine Chance gehabt, mit heiler Haut davonzukommen. Also haute ich ab, so schnell ich konnte!

Als wir die Eisberge des Gletschersees passiert hatten, und zum Jökulsá kamen, war uns sofort klar: Diesen Fluß würden wir mit Respekt behandeln müssen. Und so überließen wir während der ersten Tage manchmal diesem aus dem Schoß des Eises kommenden Strom die Führung, und gaben ihm im kabbeligen Wasser die Möglichkeit, mit uns zu spielen. Schließlich wollten wir es uns ja nicht mit ihm verscherzen.

15. KAPITEL

Im Strömungssog

Die längste Reise ist die zu sich selbst.

DAG HAMMARSKJÖLD

Bequem war es ja nicht gerade in unserem Faltboot. Meine Beine lagen ausgestreckt im Bug, eingezwängt zwischen wasserdichten Verpflegungssäcken, Kanistern und dem restlichen, lose verstauten Gepäck. Christopher hinter mir bediente die Steuerpedale und hielt den Kurs.

Mannshohe Lavabrocken flankierten den Fluß. Dahinter erhob sich aus einer endlosen schwarzen Ebene der 1682 Meter hohe Herdubreid, die – so der isländische Name – ›breite Schulter‹. Ein majestätischer Tafelvulkan, der als schönster Berg der Insel gilt.

Aus einem riesigen Lavafeld erhebt sich Islands schönster Berg: der 1682 Meter hohe Herdubreid. Die ›breite Schulter‹ ist ein Tafelvulkan, der während der Eiszeit durch eine Eruption inmitten eines Gletschers entstand.

Wenn das Gletscherwasser unter dem Rumpf gurgelt, fühlt man jede noch so kleine Regung des schlanken Bootes.

Kilometer für Kilometer wird das Faltboot durch die endlose Weite des Odadahraun getrieben.

Der Jökulsá trug uns nach Norden. Bei Flußbiegungen mußten wir gelegentlich eingreifen: Links durchziehen, rechts dagegenstemmen, links, rechts ... und umgekehrt. Rechts durchziehen, links dagegenstemmen.

Mehr und mehr wuchsen wir mit dem Bootsleib zusammen. Mit dem ganzen Körper fühlten wir das Strömen des Wassers, spürten jeden Impuls, jede noch so kleine Regung des schlanken Bootes. Unsere Nerven endeten nicht mehr an der Hautoberfläche, sondern setzten sich durch die hölzernen Querspanten und Leisten bis in die PVC-Außenhaut fort. Halb dem Wasser ausgesetzt und halb dem Land, fühlten wir uns gelegentlich wie ein Amphibium.

Kilometer für Kilometer drängten wir unser Faltboot voran. Mit gleichmäßigen Schlägen zogen wir die Paddel durch das Wasser, daß die Tropfen von den abwechselnd im Halbkreis durch die Luft schneidenden Paddelblättern in gleißenden Bögen in den Jökulsá zurückfielen. Das Wasser gurgelte unter dem Rumpf und wir gewannen langsam Vertrauen zu dem Fluß, eine Sicherheit, die wir vor allem benötigten als der Jökulsá stürmisch wurde.

»Meine Güte, was ist denn das?« Wir hörten ein wildes Toben, das wie ferne Brandung klang, die gegen Klippen schlug.

Eigentlich hätten wir sofort ans Ufer paddeln müssen, um den Fluß vor uns zu erkunden. Denn die Kunst des Abenteuers besteht darin, das unvorhersehbare Risiko auf ein Minimum zu begrenzen.

Und doch: In diesem Augenblick warfen wir alle erworbenen Kenntnisse über Bord und steuerten nicht das Ufer an.

›Weiter, weiter!‹ drängte es uns und das Faltboot wurde vom Sog einer turbulenten Strömung gepackt. Der vordere Mann im Boot – also ich – mußte ›wasserlesen‹. Eine schwer zu erlernende Fähigkeit. Man braucht Begabung dazu und ein untrügliches Gefühl für das Wasser. Innerhalb von Sekunden muß man die Kräfte der Fluten entziffern und enträtseln können, um zwischen wirbelnden Gischtflokken den richtigen Weg zu finden.

Blitzschnelle Deutung, Einschätzung und sofortige Reaktion ist nötig. Denn etwaige Fehler können verheerende Folgen haben.

Angestrengt schaute ich auf die brodelnden Wassermassen. Entdeckte eine schmale Stelle, wo die Fluten zusammenschossen und sich wie ein störrisches Pferd aufbäumten.

»Dort müssen wir durch!«, brüllte ich gegen das Getöse an.

Jetzt war gemeinsames Timing und kräftiger Paddelschlag nötig. Also stießen wir die Holzblätter in die ungezähmte Flut und wurden von unseren Muskeln vorwärtsgeschleudert.

Die Parole: ›Schneller als das Wasser sein.‹

Hochschnellende Wellen schlugen über uns hinweg, fielen abrupt in sich zusammen, als schon die nächsten nahten. Klitschnaß wühlten wir uns mit dem Kajak durch einen Felsenparcours. Dabei kamen wir manchmal den Gesteinsbrocken mit ihren messerscharfen Kanten empfindlich nahe.

Bei dem Affenzahn, den unser Boot drauf hatte, konnte die PVC-Haut schon bei der geringsten Berührung in Fetzen reißen. Was dann?

Das Wasser tobte wie ein Ungeheuer, unbändig und aggressiv. Kehren wollten das Kajak umreißen, doch um Haaresbreite widerstanden wir, drehten das Heck herum ... und wurden von ungemeiner Kraft hinabgeschleudert.

Das Boot stürzte vom Wellenkamm, kantete auf und raste weiter durchs Tal. Hoch, hoch und hinunter; hoch, hoch und hinunter. Eine nicht endenwollende Berg- und Talfahrt. Wir hatten alle Hände voll zu tun.

Die ständigen Kurskorrekturen mit den Füßen, das Beobachten und Einkalkulieren der Wellen, die Anstrengung des genauen und koordinierten Paddelns ließen uns erkennen, daß keine Stromschnelle der anderen glich.

Wir lernten drei Arten zu unterscheiden. Der erste Typ fand sich dort, wo der Jökulsá eine gleichmäßig geneigte Gefällstrecke aufweist; diese Art bezeichneten wir als ›gerades Wildwasser‹. Die zweite Art war das ›gebogene Wildwasser‹, wo die Fluten in einer Flußbiegung ans Ufer oder gegen Felswände gedrückt wurden, Strudel bildeten und mit enormer Geschwindigkeit zum anderen Uferstreifen schossen.

Solche S-förmigen Stromschnellen waren deshalb so schwer zu bewältigen, weil wir gezwungen waren, in der reißenden Flußmitte zu fahren, während man sich in einer geraden Stromschnelle meist am etwas ruhigeren Ufer halten kann.

Die dritte Art nannten wir ›Hindernis-Wildwasser‹. Das waren Stellen, an denen aus dem Wasser ragende Felsen die unterschiedlichsten Querströmungen erzeugten, die das Manövrieren des Faltbootes beträchtlich erschwerten.

Oft fanden wir auch Kombinationen aller drei Arten. Nach einiger Zeit konnten wir auch jede Wildwasserpassage nach der Strömungsgeschwindigkeit und nach der Wassermenge einstufen. Denn mehr noch als durch die Strömung wird durch große Wassermenge und -tiefe die Bildung gefährlicher, senkrechter Strudel begünstigt.

»Vorssiiiiicht!« hörte ich Christophers gellenden Schrei. Doch die Gefährlichkeit drang nicht mehr in das Bewußtsein. In mir wuchs ein seltsames Schwindelgefühl. Ich dachte und fühlte nicht mehr in gewohnter Weise; schaukelte zwischen normaler Wahrnehmung und diesen nicht alltäglichen Empfindungen.

Wir bestanden nur noch aus einem schwimmenden Rumpf, langen wirbelnden Armen, feinnervigen Ohren, suchenden Augen, aufgeweichten Händen und schmerzenden Schultern.

Von Paddeln war keine Rede mehr. Wir schaufelten das Wasser; stemmten uns gegen die aufschießenden Fluten, die uns übermächtig und vulkanisch erschienen, und setzten unsere Kraft immer wieder besessen ein.

Nur verschwommen sahen wir einige glattgeschliffene Felsblöcke, die sich fast quer über das Strombett neigten.

Im Zickzack-Kurs wichen wir den Barrieren aus und hüpften mit jähem Satz über einen kleinen Wall, sackten mit dem Boot bis zu den Hüften ins Wasser, waren vollständig untergetaucht und wurden von den Fluten begraben.

»Verfluchter Fluß!« schrie ich in das betäubende Grollen, als uns eine aufbäumende Welle in die Luft hob. Sofort mußten wir gegensteuern und den Bootskörper nach vorne drücken. Als die Paddel wieder faßten, stach der Bug des Kajaks in die Woge hinein, teilte sie und schoß davon. Schaumexplosionen durchnäßten uns erneut.

»Festhalten!«

Mein Kopf fuhr herum und die Augen richteten sich starr auf einen immer größer werdenden Steinklotz. Ich fühlte, wie mir das Blut aus Kopf und Körper wie eine schwere Last nach unten in die Füße sackte. »Da kommen wir nicht vorbei. Unmöglich. Das schaffen wir niemals!«

Ich rutschte tiefer ins Boot hinein, verlagerte mein Gewicht. Das Kajak – mit reichlich Wasser gefüllt – flog himmelwärts und schlug krachend auf die Wellen.

Stiebendes Wasser würgte an der Kehle. Das Boot brachte die Nase wieder hoch und wir bugsierten es an dem gefährlichen Hindernis vorbei – wie, das wußten wir nicht.

Unvermittelt wurde das Wasser ruhiger. Ein Gefühl, als hätte uns ein Vulkan ausgespien. Die Anspannung ließ etwas nach.

»Jäääääh! Huuurraa!«

Meine rechte Faust streckte sich triumphierend gen Himmel, als sich der Jökulsá für diesen Moment der Unachtsamkeit rächte. Unser Boot knallte gegen einen Felsen und wurde weitergeschleudert.

Das Getöse des Wassers klang jetzt beinahe wie ein Eisenbahnzug, der polternd durch einen hallenden Tunnel ratterte. Eine neuerliche Stromschnelle?

Kalter Schweiß rann den Rücken hinab, und auch die Stirn war eisig, als uns die Hauptstromzunge packte. Nun griff der Jökulsá eine mächtige Felswand an, durchsägte sie in der Mitte und riß einen tiefen Schlund auf.

»Achtung, eine Schlucht!«

Sekunden später raste unser Faltboot, von Schaum, Kälte und Teufelsgebrüll umwirbelt, durch einen düsteren Engpaß, der von überhängenden Felsblöcken beschattet wurde.

Nur gut, daß es hier keine entwurzelten Bäume gab, die mit ihrem kräftigen Ästewerk gewaltige Hindernisse gebildet hätten.

Als uns der Canyon wieder ausspuckte, gelangten wir in ein Becken mit kreisrunden Strudeln. Der Kajak wurde nach links gezerrt, nach rechts, wieder nach links und abermals nach rechts. Wir wankten hin und her, von einer Verwirbelung zur anderen. Aber keinem Strudel gelang es, uns an sich zu reißen.

Dann breitete sich vor uns glattes, hindernisfreies Wasser aus, und wir überließen uns willig dem Sog.

Hoffnungsvoll schauten wir nach vorne – aber da schien es erst richtig loszugehen.

»Du lieber Himmel, die Strömung rast auf einen Abgrund zu!«

»Wir müssen ans Ufer, schnell, mach schon!«

Das war kein Spaß mehr, kein heiteres Spiel mit dem Risiko, das war nichts anderes als schonungslose Naturgewalt in einem ungleichen Kampf mit dem Menschen.

Wie ein Pingpongball wurde das Faltboot seitwärts katapultiert, hüpfte und durchpflügte die heranstürzenden Wellen. Da war keine Paddelaktion mehr möglich. Wir waren der Willkür des Jökulsá ausgeliefert, und konnten nicht mal mehr den Schwierigkeitsgrad des Wildwassers beurteilen:

Schwierigkeitsgrad I: Leicht. Keine Wellen, kaum Hindernisse.

Schwierigkeitsgrad II: Mittel. Kleine Stromschnellen, die aber leicht zu durchpaddeln sind.

Schwierigkeitsgrad III: Schwer. Zahlreiche hohe Wellen. Felsen und Sandbänke, schmale Durchfahrten.

Schwierigkeitsgrad IV: Sehr schwer. Reißende Stromschnellen und mächtige Wellen. Gefährliche Felsen. Durchfahrten sind kaum zu erkennen.

Schwierigkeitsgrad V: Extrem schwer. Gefährliche Stromschnellen, große Höhenunterschiede. Untiefen. Versteckte Durchfahrten.

Schwierigkeitsgrad VI: Kaum noch zu paddeln. Nur unter Lebensgefahr passierbar.

»Ein Wasserfall!« schrie ich aufgebracht. Der siebte Grad des Wildwasserfahrers: Durchfahrt unmöglich!

»Zum Teufel, das darf nicht wahr sein!«

Und doch war es so.

»Aber auf der Karte ist nichts eingezeichnet!«

»Scheiß auf das Kartenmaterial«, riß mir der Wind von den Lippen. »Hau' die Paddel rein, jetzt geht's um die Wurst.«

Das Gebrüll des Falls wurde lauter. Die Strömung war so rasend schnell, daß wir kaum den Kurs ändern konnten. Und obschon wir schräg gegen die Flußrichtung ans Ufer zielten, trieb es uns weiter auf den Abgrund zu.

Sollten wir uns rechts halten? Nein, nein, links war es besser! Also nach links, dort wo das Wasser weniger reißend zu sein schien. »Gib nicht auf!«, feuerte ich mich selbst an, und erteilte mir für jeden Paddelschlag den Befehl.

Gut so!

Gewicht verlagern, paddeln, paddeln.

Nur noch hundert Meter bis zum Wasserfall. Aus Leibeskräften stachen wir die Paddel ein und entfalteten ungeahnte Kräfte. Kräfte, die nur die äußerste Not verlieh. Wie besessen holten wir das Letzte heraus aus uns und dem Kajak. Ignorierten, wie die Daumen schmerzten und daß wir mal ›mußten‹, was wohl von der Anspannung kam.

Mit zunehmender Fahrt drängten wir das Boot zur linken Seite, doch das Ufer konnten wir nicht

Von hohen Lavabrocken flankiert, stürmte der ungebändigte Jökulsá á Fjöllum über fauchende Wasserfälle . . .

. . . die die Kajakfahrer . . .

... zu mühsamen Portagen zwangen.

mehr erreichen. Kurz vor dem Abgrund, dort, wo das ungebändigte Wasser über die glattgeschliffene Fallkante hinwegzog, ragten einige Felsblöcke aus dem Schaum. »Dort müssen wir das Boot verkanten . . . unsere letzte Chance!«

Wir drehten das Kajak diagonal und rissen es aus seiner geraden Bahn. Die Fahrt wurde gebremst. Wir kamen aus dem Sog der Hauptströmung.

Knapp vor der Fallkante setzten wir das Kajak auf. Krachend drehte es sich, kenterte und blieb zwischen den Felsklötzen hängen. Die Bootsnase ragte über den Abgrund hinaus . . .

»Mein lieber Mann, das hätte leicht ins Auge gehen können«, sagte Christopher und blickte den Fall hinunter. »Das sind mindestens zehn Meter, die das Wasser hinabstürzt. Da wären wir niemals wieder herausgekommen.«

Atemlos schaute ich in die Tiefe, wo meterhohe Wellen schäumten. Überall wogte und walzte es und spritzte eine mächtige Gischtwolke in die Luft. Ein wirbelndes Inferno, das als dicker Wasserwulst in einer engen Schlucht verschwand, um die wir das Kajak herumtragen mußten.

»Für heute reicht's. Laß uns das Boot ans Ufer schaffen«, sagte ich und bemerkte, daß sich meine Gedanken dagegen sperrten, die überstandene Gefahr auszudenken.

Mühsam schoben und zerrten wir das Kajak über glatte Felsrücken, um Steinklötze und abfallende Treppenstufen herum, wobei wir zuweilen bis zum Hals im Wasser standen.

Erschöpft zogen wir das Boot, das nur einige Schrammen und einen kleinen Knacks am Holzgerüst abbekommen hatte, auf eine Geröllhalde, hockten uns daneben und schauten zum fauchenden Wasserfall: regenbogenüberwölbte Sprühpracht, tiefgeklaftert und blickmitreißend.

Mit pitschnasser Seele zündete ich mir meine Pfeife an, wärmte die Hände und staunte dem Tosen hinterher.

Am Abend des selben Tages, der unser letzter hätte sein können, streckten wir uns ermattet auf den Schlafsäcken aus. Das Tagebuch mußte warten. Ich war zu kaputt, um noch zu schreiben.

Endlich schlafen. Schlafen? Der Schlaf wollte nicht zu uns kommen. Die Sinne fanden keine Ruhe, und meine Gedanken kreisten immer wieder um die Frage nach dem »Warum«. Warum diese Strapazen? Warum das Risiko? Was hatten wir in dieser abgeschiedenen Ecke der Welt verloren? Wofür das alles? Ich vermag darauf keine eindeutige Antwort zu geben, aber eines ist sicher:

Ich habe auf meinen Flußexpeditionen niemals nur das Abenteuer gesucht. Ich bin gewissermaßen durch Fügung in gefahrvolle Situationen geraten, oder ich habe ganz einfach Hindernisse bewältigt, die zwischen mir und meinen Zielen standen.

Lionel Terry, der große Bergsteiger, hat einmal gesagt, in einer Welt der Zwecke und des Nutzens müsse der Mensch wohl auch an die Eroberung des Unnützen glauben können. Christopher und ich sind jedenfalls davon überzeugt, daß uns die Intensität des Erlebens ein grenzenloses Selbstgefühl vermittelt. Das wird respektieren, wer einiges Verständnis dafür hat, daß Leben nicht nur aus Zweckerfüllung irgendwelcher Art bestehen kann.

Am Ende eines Tages, wenn das Camp errichtet ist, stärken sich die Kajakfahrer mit heißem Tee, Reis und Haferflocken, Tütensuppen und Trockenobst . . .

. . . anschließend kriecht jeder in seinen Schlafsack und sucht beim Lesen etwas Entspannung, um für die Strapazen des nächsten Tages wieder fit zu sein.

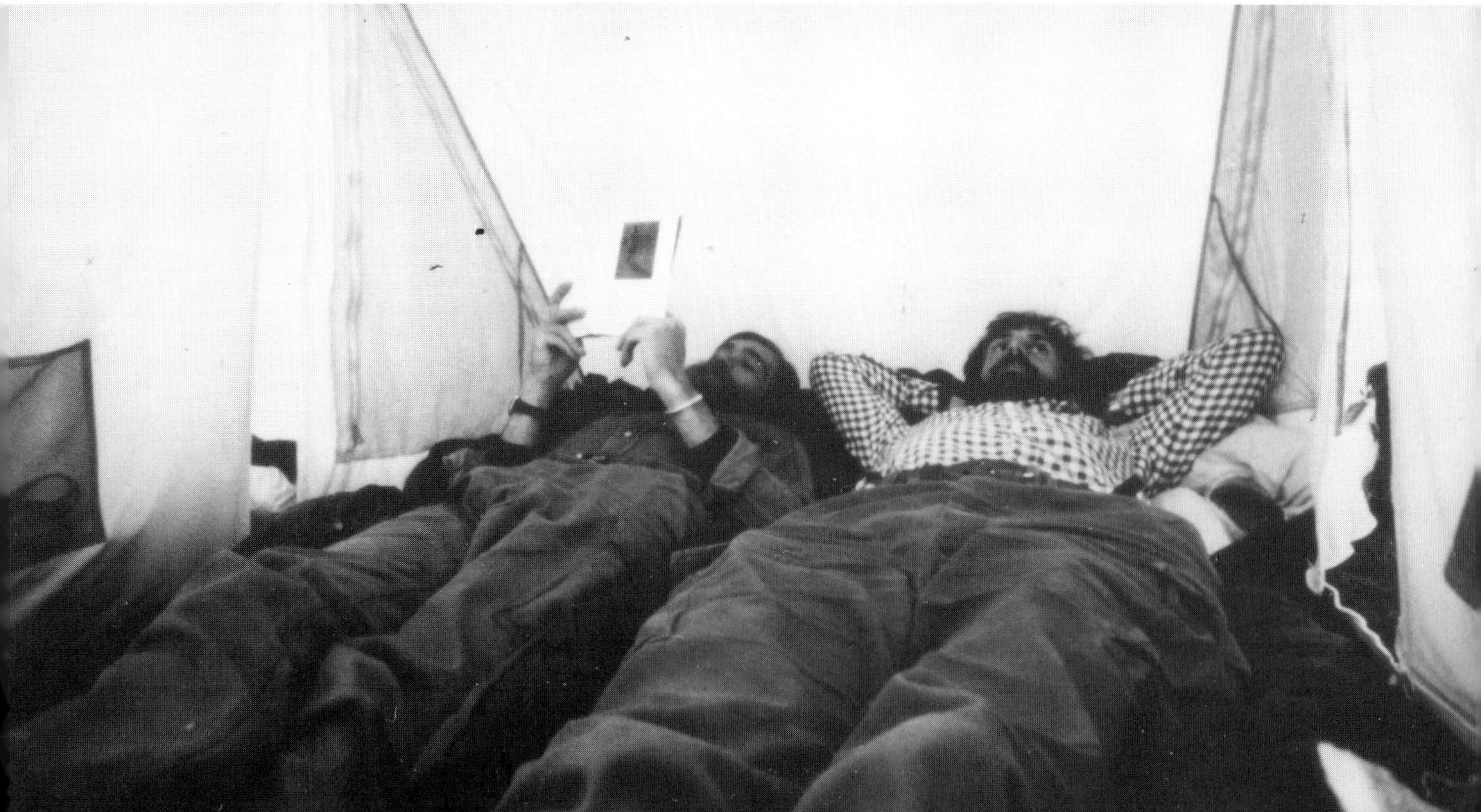

16. KAPITEL

Angst am Dettifoss

In jedem starken menschlichen Gefühl ist sein Gegenteil enthalten. Im Ausbruch der Verzweiflung verkündet sich der Trost, im Jubel lauert die Verzweiflung. RATHENAU

Auf der Karte des Jökulsá á Fjöllum, die wir jeden Abend zu Rate zogen, um uns zurechtzufinden und die Reiseroute für den nächsten Tag zu besprechen, gab es einen Punkt, einen Wasserfall, der uns seit Beginn der Reise beunruhigte. Kein Wunder, denn dieser Wasserfall heißt Dettifoss, aus dessen Namen wir schon das donnernde Brausen herauszuhören glaubten.

In der Nacht vor dem ›Dettifoss-Tag‹ kamen wir nicht zum Schlafen. Immer wieder bohrte dieser Name in unseren Gedanken.

Dettifoss ... Und schon glaubten wir die entfesselten Wassermassen zu sehen, die mit betäubendem Lärm gegen Felsenriffe krachten. Riesige Strudel und kochende Gischt stürzten sich kaskadenhaft in dunkle Tiefe ... und wir in unserer Nußschale, unfähig zum Steuern inmitten tobender Fluten.

Mit zartem Rot verjagte die Morgendämmerung unsere nächtlichen Alpträume. Ziemlich gerädert öffnete ich die Augen und schaute in Christophers hageres Gesicht: Seine Haut hatte sich über den Backenknochen gestrafft. Die Anstrengungen der letzten Tage waren deutlich sichtbar.

Ich sprach an diesem Morgen kein Wort. Es war einer jener Tage, an denen man besser im Bett bleibt; einer jener Tage, an denen die schlechte Stimmung auf die Konzentration schlug. Beim Füllen des Sturmkochers mit Spiritus verschüttete ich etwas Brennflüssigkeit. Und als ich ein Streichholz entzündete, züngelten bläuliche Flammen über Schlafsäcke, Daunenjacken und Isoliermatten.

»Verfluchter Mist! Feuer!« brüllte ich und wollte schon aus dem Zelt springen, um den Wasserkanister zu holen – was aber wohl kaum Erfolg gebracht hätte – als sich Christopher geistesgegenwärtig mit dicken Pullovern über die Flammen warf und das Feuer erstickte.

»Mann, oh Mann, da haben wir ja noch mal Glück gehabt. Ohne Schlafsäcke und Zelt wären wir ganz schön aufgeschmissen. – Bist du okay?«, fragte ich.

»Klar. Alles in Ordnung«, erwiderte Christopher. »Aber jetzt brauche ich einen neuen Pullover!«

Nach dem Frühstück holte Christopher die Fototasche hervor. Die beiden Olympus-Bodys, die OM–1, die OM–2 und die Nikonos, faßten sich gut an. Ich konnte es auf seinem Gesicht ablesen, daß ihm die Kameras ein gutes und sicheres Gefühl vermittelten. Auf all unseren Reisen ging Christopher sehr sorgfältig mit seinen Geräten um. Sie waren für ihn ein Handwerkszeug, vielleicht auch Mittel-zum-Zweck, mehr aber nicht. Von diesen Kamerafreaks, die stundenlang mit ihren Objektiven und Zusatzfiltern herumspielten, wollte er nichts wissen. Behutsam säuberte er die schwarzen Gehäuse mit einem Lederlappen, lud die Apparate und hielt sie vors Gesicht. Der Filmtransporthebel lief sauber. Keine Probleme. Er legte die Kameras wieder zurück und überprüfte die Batterien des Motors. Er setzte den ›Winder‹ an die Kamera. Der Motor rastete ein. Die Leuchtdiode flammte im Zentrum auf. »So muß es sein!«, freute er sich. Die Batterien waren in Ordnung. Jetzt konnten die Bodys wieder Hunderte von Aufnahmen durchfetzen. Er drückte mit dem Zeigefinger auf den Auslöser und jagte – rattattatta – vier Bilder pro Sekunde durch den Apparat.

»Alles okay!«

Indessen notierte ich in meinem Tagebuch: ›Es kommt mir vor, als seien wir schon viele Monate unterwegs. Hier im Odadahraun und auf dem Jökulsá relativiert sich die menschliche Zeitmessung ebenso wie der Maßstab der Landkarte.‹

Stunden später zogen wir wieder auf den Fluten des Jökulsá dahin. Gegen Mittag erreichten wir den Selfoss. Ein hufeisenförmiger Wasserfall, an dem die Gletscherfluten wildschäumend in die Tiefe stürzten.

»Hier ist kein Durchkommen!«

Also traten wir zur ›portage‹ an, das heißt, an Land gehen, das Kajak ausladen und Gepäck und Boot auf den Schultern um den turbulenten Fall herumschleppen. Dabei hatten wir nun wirklich vom Tragen und Schleppen die Nase voll. Wen wundert es da, daß unser Stimmungsbarometer rapide sank.

Als wir unser Boot hinter dem Selfoss wieder in das Wasser setzten, mußte uns der Teufel geritten haben; wußten wir doch, daß nicht weit entfernt eine unkalkulierbare Gefahr lauerte: Der Dettifoss.

Dennoch trieben wir unser Fahrzeug vorwärts und tanzten um eine langgezogene Biegung, hinter der wirbelnde Schaumflocken wie ein weißer Mantel über den Fluten lagen.

Das Wasser nahm einen dumpfen Ton an; rauschte, gurgelte, gluckste. Erregt trieben wir das Faltboot durch die schäumende Flut, Paddel links, Paddel rechts, Paddel links, Paddel rechts.

Anfangs nahm unser Kajak die heranrollenden Wellen noch mühelos und lässig, krümmte sich sogar etwas durch sie hindurch oder über sie hinweg, so daß wir es vermeiden konnten, viel Wasser ins Boot zu bekommen.

Dann aber wurden die Bewegungen der Fluten zornentbrannter. Eine wutschnaufende Herde auf-

Stromschnellenfahrt: Christophers Faltboot wankt hin und her; von einer Verwirbelung zur anderen durchpflügt er die aufgewühlten Fluten des Jökulsá.

gewühlter Wellentiere kam uns entgegen. Nachtdunkle Leiber mit weißflockigen Rücken hoben uns in die Luft und zogen uns in die Tiefe. Ein fernes Geräusch glitt wie eine unbestimmbare Drohung zwischen unsere Gedanken.

Die Schlagblätter fest umklammert, ritten wir einen Wellenrücken nach dem anderen ab. Das Wasser war eine dicke kompakte Masse von ungeahnter Schwere, durch die wir hindurch mußten wie in manchen Alpträumen, in denen unsichtbare Widerstände jede Bewegung lähmen, jedes Wort, jeden Hilferuf ersticken.

Ich dachte noch, daß wir bestimmt lange vor der Fallkante des Dettifoss das rechte Ufer erreichen würden, als der Widerstand des Wassers doppelt so stark wurde.

Der Jökulsá gebärdete sich wie toll: Aufgebauschte Wellen schlugen willkürlich von allen Seiten über das Boot. Und wir bekamen literweise Gischt auf den Oberkörper und ins Gesicht geklatscht.

Aus Leibeskräften drückten wir auf die Paddel und das Kajak rutschte zur Seite, Zentimeter für Zentimeter, Meter für Meter.

Dann stockte uns der Atem!

Zwischen den Wasserschwällen zeichnete sich vage die Fallkante des Dettifoss ab. Und dort, wo es steil hinabging, schillerte eine Dunstwolke in allen Regenbogenfarben.

Es war Irrsinn, dachte ich. Einfach Irrsinn. Wie sollten wir aus diesem wilden Toben wieder herauskommen?

Zum x-ten Mal bugsierten wir das Faltboot durch einen Steinfriedhof, und mußten achtgeben, daß uns nicht einzelne spritzgeschliffene Steine aufspießten oder das Kajak der Länge nach aufschlitzten.

Der Blick klammerte sich am Ufer fest, krallte sich an die auf und ab tanzenden Felsblöcke, spannte Seile, unsichtbare Stricke, die uns halten sollten ... aber der Fluß war stärker.

Was tun?

Sollten wir das Boot zum Kentern bringen? In den felsigen Zonen der Kaskaden gab es fast immer Grund, und das Wasser ging selten über die Gürtellinie. Aber bei der starken Strömung riskierten wir, das Gleichgewicht zu verlieren, und dann würden wir aus dem reißenden Strom nicht mehr herauskommen, ganz abgesehen von dem Risiko, sich den Schädel an den dicht unter der Oberfläche versteckten Felsen aufzuschlagen.

Doch ein guter Geist hatte Erbarmen mit uns und griff, wie schon so oft auf unseren Reisen, im letzten Moment rettend ein: Ein immenser Klotz ragte regungslos zwei Meter aus den Fluten, von aufspritzender Brandungsgischt umgeben.

Hundertmal habe ich im Geiste die folgenden Sekunden noch einmal erlebt ...

»Halte dich fest!«, schrie ich, dann konnte sich das Kajak nicht länger in der Strömung behaupten, es kippte, schlug um und legte sich quer. Die Wucht des Aufpralls schleuderte uns ins Wasser.

Erster Gedanke: Zurück zum Boot! Wenn die Strömung es erst einmal erfaßte, war alles aus. Schon packte ich das Kajak, konnte es aber nicht festhalten. Die Strömung war zu reißend. Wellen schlugen über uns zusammen. Und wir schnappten keuchend nach Luft, Luft, Luft.

Ich verlor jeden Halt, sackte in ein tiefes Loch und trieb wirbelnd im Fluß. Die Erkenntnis, daß wir gekentert waren, daß ich mich im Wasser befand, daß ich ertrinken konnte, dämmerte mir nur langsam.

Plötzlich aber war ich mir der Gefahr bewußt: Und in diesen Augenblicken klammert man sich ans Leben, ich klammerte mich an eine schroffe Felskante.

»Der Felsblock!« hörte ich Christopher, der nur wenige Meter von mir entfernt war. »Dorthin müssen wir!« Ich nickte und schlitterte voran.

Das Faltboot war inzwischen abgetrieben und lag unterhalb des Steinklotzes verkantet; im Nu mit Wasser gefüllt, sackte es weiter und weiter ab.

Etwa 40 Meter vor der Fallkante des Dettifoss kenterte das Faltboot und wurde unter einen Felsblock gedrückt. Um den Strömungsdruck zu mindern und das Fahrzeug bergen zu können, schlitzten Achill und Christopher die Kunststoffhaut auf und zerbrachen das Gerüst . . .

. . . an einer Leine hangelten sie sich mit den Wrackteilen ans Ufer.

»Wenn wir das Boot nicht so schnell wie möglich aus den Fluten bekommen, bricht das Holzgerüst. Dann können wir einpacken!«

Wenig später hatten wir – triefend vor Nässe – den großen Felsblock erreicht. Die reißende Flut fesselte uns an den Fels und schäumte vorbei. Schon der geringste Fehltritt hätte ausgereicht, um in der ungestümen Strömung den Stand zu verlieren. Es war unmöglich, das Ufer schwimmend zu erreichen, war doch die Fallkante des Dettifoss kaum 40 Meter entfernt.

Nackte Angst packte uns. Ganz deutlich spürte ich, wie dieses beklemmende Gefühl in mir hochkroch, und meine Glieder zu lähmen versuchte.

Häufig schon habe ich auf meinen Reisen Angst ausgestanden. Denke ich nur an Afrika, kommen mir manche Gefahrenmomente in den Sinn, in denen ich unmittelbarer Angst ausgesetzt war: Damals, im Sudan zum Beispiel, als ich im Faltboot den Nil befuhr . . . und plötzlich Krokodile ins Wasser tauchten, sich unserem Boot näherten, und wir erst im letzten Augenblick das Ufer erreichten . . .; und ein Jahr später in Westafrika: Wir wollten im Kajak den Niger hinabpaddeln, den drittgrößten Strom Afrikas, der den Bergen Guineas entspringt, in einem weiten Bogen durch die südliche Sahara fließt und nach mehr als 4000 Kilometern im Süden Nigerias das Meer erreicht. Nach vielen Wochen auf dem Fluß errichteten wir eines abends völlig ausgebrannt ein Camp zwischen Sanddünen . . . Am Lagerfeuer sitzend, bemerkten Michael und ich am Horizont eine Bewegung. Blaue Flammen schwebten auf Kamelen heran, segelten näher, gewannen Konturen. Fünf ausgemergelte Gestalten mit dunklen Gesichtsschleiern und indigoblauen Gewändern. Tuareg. Mit würdevollem ›Salem aleikum‹ begrüßten sie uns. Wir luden sie zum Tee. An mögliche Gefahren dachten wir kaum.

Hinter dem Zelt entdeckten die Tuareg unsere Medikamentenbeutel. »Ärzte?« fragten sie. Wir mußten ihre Frage verneinen – und einer der Männer holte ein Gewehr unter seinem blauen Gewand hervor. Was bedeutete das? Ein Überfall? Oder hatten sie es nur auf unsere Medizin abgesehen?

Ohne weitere Fragen wurden die Medikamentenbeutel an den Kamelsätteln befestigt. Die Männer forderten uns auf, mit ihnen zu kommen. Wir hatten keine Wahl.

Stunde um Stunde wateten wir durch Sand, stolperten über knirschendes Geröll, hasteten durch tiefen Schotter. Endlich machte die kleine Karawane halt. Ein Nachtlager wurde errichtet, Essen gekocht; schließlich legten sich die Tuareg schlafen. Wir beschlossen zu fliehen.

Nach einer Weile des Lauschens schoben wir uns zwischen verkrüppelten Bäumen hindurch; robbten zu einem Felseinschnitt und kletterten hinunter. Ohne jeden Laut krochen wir in ein ausgetrocknetes Flußbett, liefen durch das Wadi und folgten unseren Spuren im Sand.

Im Camp war noch alles so, wie wir es verlassen hatten. Nach kurzer Verschnaufpause bauten wir das Zelt ab und beluden das Faltboot. Mit der Strömung des Niger ließen wir uns davontreiben. Einmal mehr hatten wir erfahren müssen, wie eng Freude und Enttäuschung oftmals zusammenliegen.

So auch in Kenia. Wir wollten den Mount Elgon (4321 m) besteigen, um die Quelle des Suam-Flusses zu erkunden . . . und als wir in die faszinierende Welt des ›tropischen Alpinismus‹ hineinstiegen und in der 200 Meter hohen Steilwand kletterten, rutschte ich ab und verlor um ein Haar den Halt . . .

Nicht zu vergessen unsere 1600 Kilometer lange Floßfahrt auf dem Mackenzie-River im hohen Norden Kanadas. Unweit des Polarmeeres, dem Ziel unserer Reise, kamen wir in ein schlimmes Unwetter. Niemals werde ich diese Sturmnacht vergessen: Nebel hüllte uns ein. Hagelsturm und Schneetreiben. Eisiger Nordwind pfiff durch das Takelwerk, jaulte in den Seilen. Die Temperatur fiel unter den Gefrierpunkt. Die aufbäumenden Wogen schlugen höher, stürzten über das Floß. Das Segel mußte gerefft werden. Ich torkelte zum Mast, packte die nassen Taue und zwang das Segel nieder. Christopher umklammerte das Steuerruder, versuchte, das Floß ans Ufer zu bringen. Ohne Erfolg.

Gegen Mitternacht verdichtete sich der Nebel so stark, daß wir die Hand nicht mehr vor den Augen sahen, und noch immer drang von allen Seiten Wasser ein. Wellen sprangen über das Deck, schwappten ins Zelt, und alles triefte. Überall Wasser, Wasser, Wasser.

Zwei Uhr morgens. Langsam verließen uns die Kräfte. Noch immer war das Ufer fern. Ich hatte starke Schmerzen im rechten Arm, das klamme, stumpfe Gefühl in den Fingern wurde unerträglich. Ich bekam Angst vor Erfrierungen. Plötzlich spürte ich Tränen in den Augen. Irgend etwas in meinem Inneren war außer Kontrolle geraten. Ich schaute mich um, suchte Christopher im dichten Nebel, konnte ihn aber nicht entdecken und war froh darüber, daß er mich nicht so sah . . .

Genügend Erfahrungen mit der Angst hatten wir also. Aber es gibt noch eine ganz andere Art von Angst und die ist weit schlimmer: Es ist dann, als ginge der Verstand zu Scherben, und man hat keine präzise Vorstellung darüber, wie es mit einem weitergehen soll.

So war es auch am Dettifoss: Was sollten wir tun? Wie konnten wir das Ufer erreichen? Und das Faltboot? War es noch zu retten? Oder würde der Jökulsá all unsere Träume zerstören?

Hoffnung vermischte sich mit Wut; Tränen des Zorns mit Verzweiflung. Eine Wechseldusche der Gefühle, gegen die wir uns nicht zur Wehr setzen konnten.

Ich weiß nicht, wieviel Zeit verging, ehe wir richtig begriffen, was passiert war. Irgendwann aber spürten wir, daß der fortgesetzte Druck der Strömung unsere Beine ermüden ließ. Und instinktiv begannen wir etwas zu tun: Nach Art der Bergsteiger banden wir uns ein Seil um die Hüften und sicherten uns gegenseitig. Dann versuchten wir verzweifelt das Faltboot aus seiner mißlichen Lage zu befreien. Wir zerrten, zogen und drückten. Aber all unsere Bemühungen waren umsonst.

»Verdammt! Es hat keinen Zweck! Wir bekommen das Kajak nicht frei.«

Also blieb uns nichts anderes übrig, als das Holzgerüst zu zerbrechen und die Kunststoffhaut aufzuschlitzen, damit der Strömungsdruck auf das Boot geringer wurde.

Abwechselnd tauchten wir und zerschnitten mit einem Taschenmesser den PVC-Rumpf.

Erst jetzt konnten wir das Kajak vorsichtig zerlegen, Einzelteile bergen und sie auf die flache Oberkante des Felsblocks legen. Zwar wurden einige Holzverstrebungen fortgerissen, doch das kümmerte uns wenig: Wenn wir die wichtigsten Bootsteile retteten, bestand noch immer die Möglichkeit, die Fahrt fortzusetzen; wir mußten nur das Ufer erreichen.

Unvermittelt tauchte am Ufer eine hochgewachsene, in braunes Schaffell gehüllte Gestalt mit roter zerzauster Haarmähne auf. Der Mann sah wie ein Wikinger aus. Nur die zerschlissenen Jeans ließen erkennen, daß er aus unserem Jahrhundert stammte. Was auch immer ihn hierher verschlagen haben mochte: Er war für uns ein Geschenk des Himmels.

Wir gaben dem Rotschopf Zeichen und warfen ihm ein Seil zu, das er an einem Felsblock befestigte.

Wenig später hangelten wir uns, eine Hand am Seil, unter dem andern Arm alles, was wir an Bootsteilen oder Ausrüstungsgegenständen retten konnten, durch das ungebändigte Wasser.

Nur mit Mühe brachten wir taumelnd ein Bein vors andere. Manchmal stieg das Wasser sogar bis zu den Schultern . . . und der Druck auf die Brust war dann fast unerträglich . . .

Ein scharfer Ruck am Seil nahm uns für Sekunden den Atem. Der Wikinger hielt das Seil so straff, daß wir fürchteten, die Beine könnten nicht nachsetzen.

Achill Moser schaut in den brodelnden Dettifoss hinab. Dampfende Gischt schlägt ihm ins Gesicht und der Sog des Aufwinds zerrt an seinen Kleidern. In den Sommermonaten stürzen hier in jeder Sekunde bis zu 450 Kubikmeter Wasser in die Tiefe.

»Nicht schlapp machen! Wir schaffen es!«

Am Ufer angekommen, übernahm Christopher das Seil. Abermals wühlten sich meine Beine durch die schäumenden Fluten zum Felsblock – und zurück. Dreimal ging ich diesen gefährlichen Weg, dann waren alle brauchbaren Sachen gerettet.

Wie Mehlsäcke fielen wir zu Boden. Frierend, schaudernd und schwitzend zugleich verfluchten wir den Fluß, verfluchten den Dettifoss, der uns beinahe zum Verhängnis geworden wäre. Nun war es endgültig aus mit unserer Euphorie für den Jökulsá á Fjöllum. Alles war naß, das Zelt, die Schlafsäcke, unsere Kleider. Die wasserdichten Lebensmittelbeutel lagen mit klaffenden Wunden auf dem Boden – auch Haferflocken, Reis, Tütensuppen, Backobst und Teebeutel waren klitschnaß. Zum erstenmal sagte ich etwas, wofür ich mich vor ein paar Tagen noch geschämt hätte: »Wenn hier jetzt ein Flugzeug landet, flieg ich sofort zurück nach Reykjavik.«

Als wir wieder zu uns kamen, suchten wir unseren Lebensretter.

»Wo ist denn der Wikinger?« Ich schaute mich um. Nichts. Nur Lava, Felsklötze und Moos.

»Hast du ihn nicht gesehen?«

»Eben war er doch noch hier.«

»Verstehst du das?«

»Merkwürdig! Wo kann er denn nur stecken?«

»Du, der ist weg!«

»Was? Das gibt's nicht!«

Verwirrt schauten wir uns an. Jetzt würden wir nie erfahren, wem wir unser Leben zu verdanken hatten.

Es folgte eine traurige Bestandsaufnahme: Unsere Beine und Arme waren von Prellungen und Schürfwunden gezeichnet. Christophers Hinterteil, mit dem er sich in die Fluten auf einen spitzkantigen Stein gesetzt hatte, schmerzte so sehr, daß er die folgenden Nächte nur auf dem Bauch ertragen konnte. Und unser Kajak? Es war nur noch ein Wrack, das Gerüst in zahlreiche Teile zerbrochen und die Haut ziemlich zerfetzt.

Im Westen stand hoch oben der Vollmond am Himmel, während im Osten die sinkende Sonne in majestätischem Rosa und Orange über dem Odadahraun flammte. Blendendes Scharlachrot fächerte über das Land und dehnte sich weiter und höher aus.

Sonne und Mond gaben sich ein Stelldichein. Niemals zuvor habe ich etwas ähnlich Phantastisches gesehen. War dieses himmlische Schauspiel etwa eine Entschädigung für all unsere Ängste, die wir am Dettifoss auszustehen hatten?

Jetzt erst spürten wir, wie erschöpft wir waren. Völlig ausgelaugt! Wie mühsam war es, die Arme zu heben. Und auch die Beine ließen sich kaum bewegen. Wir waren nur müde, und konnten vor Müdigkeit nicht denken. Wir hatten nur noch den Wunsch, zu schlafen.

Während wir uns dem lebenserhaltenden Schlaf überließen, hörten wir den schnaufenden Zwiegesang des Jökulsá. Eine zweistimmige Melodie von Wasserrauschen und Wellenschlag, wobei der Fluß und das Getöse des Dettifoss einander zu einem grandiosen Schlummerlied ergänzten, das uns ohne Unterlaß begleitete.

Als wir am nächsten Morgen erwachten, stand die Sonne schon hoch am Himmel. Unmerklich drang die Wärme in unsere Körper, in jeden Knochen und jeden Muskel, der im Leib schmerzte. Bald waren wir nur noch Wärme und empfanden eine tierische, intensive Lebenslust. Und dann kam die Erinnerung an das, was uns gestern widerfahren war. Bilder! Gedanken! Wie ein Schwarm blutgieriger Moskitos schossen sie durch den Kopf . . . Wir waren gerettet! Ja, aber wie sollte es nun weitergehen?

Wir brauchten nicht lange, um die möglichen Lösungen ins Auge zu fassen. Viele waren es ja nicht, und erfreulich waren sie schon gar nicht. Eigentlich gab es nur zwei: Das Boot aufgeben und zu Fuß am Jökulsá entlangmarschieren – bis zum Arktischen

Das Wrack des Faltbootes wird provisorisch genäht und geflickt.

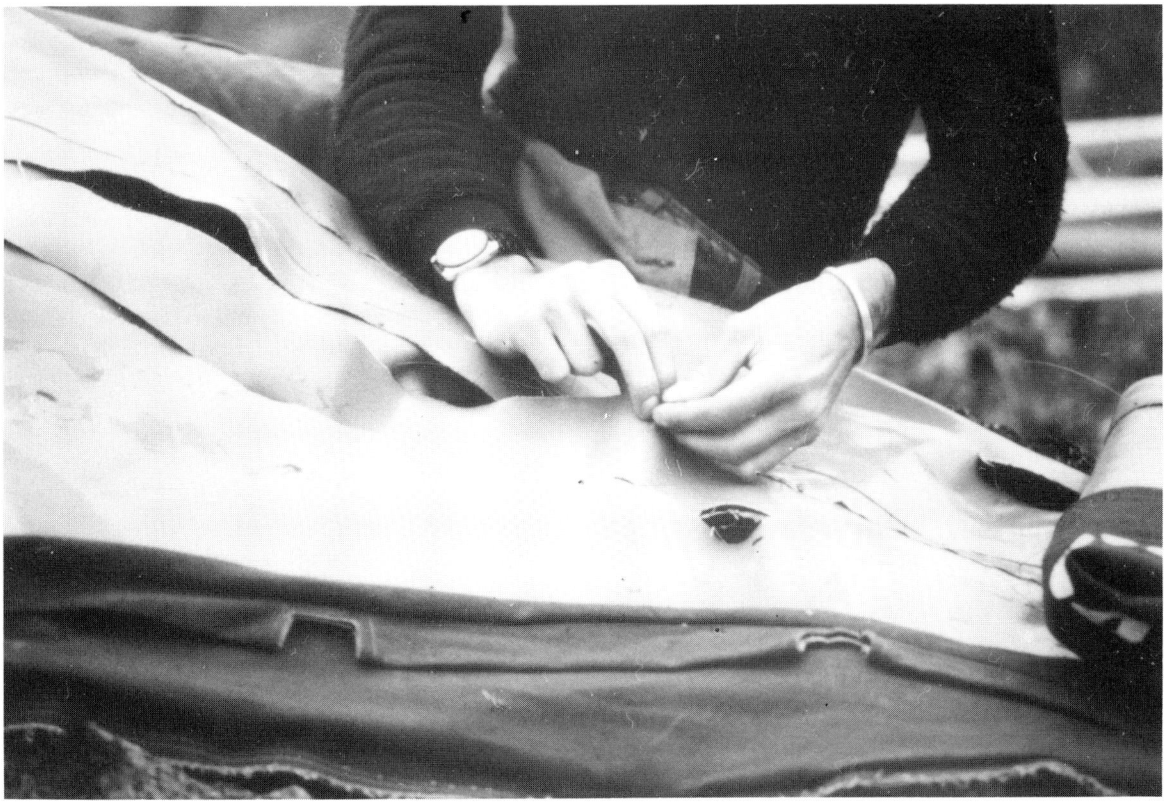

Die durchnäßte Kleidung wird zum Trocknen ausgebreitet.

Ozean oder zur nächsten Straße. Sollten wir uns dafür entscheiden, würde das die Aufgabe unseres Unternehmens bedeuten.

Die zweite Lösung: Wir mußten versuchen, das Faltboot zu reparieren, damit wir die Flußfahrt fortsetzen konnten.

Wir entschlossen uns für die zweite Möglichkeit und machten uns sofort an die Arbeit.

Das zerschundene Holzgerüst – mit angebrochenen oder zerbrochenen Querspanten – wurde notdürftig ausgebessert; die Risse in der imprägnierten Haut mit Angelsehne zusammengenäht. Nach 14 Stunden Arbeit hatte unser Gefährt wieder Form und Gestalt.

»Wir kriegen unseren Kahn schon wieder hin«, meinte Christopher. Und von neuem erwachten unsere arg strapazierten Hoffnungen. Wir waren wieder voller Zuversicht und wurden in der andauernden Helligkeit des isländischen Sommers vom Traum des ewigen Tages gepackt.

17. KAPITEL

Zum Arktischen Ozean

Liebe ist die einzige vernünftige und befriedigende Antwort auf das Problem der menschlichen Existenz. ERICH FROMM

Tief unten war der Fluß als weißer Streifen zu sehen. Wie eine Schlange wand er sich durch eine steinerne Zwangsjacke, erreichte die Höhe seiner Kraft und wurde zu einem wilden Ungetüm aus Wildwasser und verstreuten Gesteinsbrocken, mit Wasserlöchern und Wasserfällen.

Im Nieselregen saßen wir auf einigen Felsblöcken und schauten vom Steilufer in die wassertosende Tiefe. Aufmerksam studierten wir die Felswände des Canyon Jökulsargljufur, die 50 bis 60 Meter senkrecht und glatt zum Fluß hin abfielen.

»Da kommen wir niemals runter. Das ist zu steil.«

»So ein Mist!«, sagte ich mißmutig. »Das habe ich mir viel einfacher vorgestellt.«

»Das können wir vergessen. Nirgendwo ist ein Abstieg zu entdecken. – Außerdem ist der Fluß dort unten unbefahrbar. Und was nun?«

Ich zuckte die Achseln und blickte wieder die Klippen hinunter auf den schaumbedeckten Fluß unter der niedrigen Wolkendecke und dem eisigen Regen.

Anderthalb Stunden hockten wir so da, überlegten hin und her, ehe wir einen Entschluß faßten.

»Ich sehe nur eine Möglichkeit: Wir tragen Boot und Ausrüstung bis zum Ende der Schlucht.«

»Daran habe ich auch schon gedacht«, meinte Christopher. »Aber das ist eine Mordsschlepperei!«

»Was soll's, wir haben keine andere Wahl. Schließlich können wir ja nicht hier sitzen bleiben.«

»Immer diese Plackerei! Der Canyon ist doch mehr als zwanzig Kilometer lang.«

»Na und, das werden wir doch auch noch schaffen, oder?«

»Schon möglich, aber diese verfluchten Portagen brechen mir noch mal das Kreuz«, stöhnte Christopher.

Ich konnte ihn gut verstehen. Ein Wildwasser durchfahren ist eine Sache; da spürt man Nervenkitzel und den Hauch von Abenteuer. Etwas ganz anderes dagegen ist es, mühsam über zerrissene Hügel zu klettern, schwer beladen mit Lebensmitteln, Zelten, Kleidung, Rucksäcken, Schlafsäcken, Töpfen, Pfannen, Paddeln, Schwimmwesten und einem fünf Meter langen Faltboot. Ich haßte es auch.

Gleichwohl schulterten wir das Faltboot mit dem Gepäck und machten uns auf den Weg.

Der erste Tag der Portage war ja noch ganz erträglich. Aber jeder weitere erfüllte uns mit Müdigkeit und Zorn. Unsere Reisegeschwindigkeit fiel zu Fuß auf zehn Kilometer pro Tag. Das rasante Vorwärtskommen auf den Fluten des Jökulsá war nur noch ferne Erinnerung.

Wohl jeder kann sich vorstellen, wie erleichtert wir waren, als der 25 Kilometer lange Canyon endlich hinter uns lag und wir das Boot bei den Echofelsen wieder zu Wasser lassen konnten.

Von nun an war der Jökulsá gealtert und zeigte sich wesenhaft verändert. Vor uns lag ein unentwirrbares Wirrsal von Kanälen und Inseln. Eine Menge von Wasserläufen bildete ein Labyrinth von Flüssen, die alle dem Meer zustrebten.

Des Stürmens und Kämpfens müde, wirkte der Gletscherstrom ausgebrannt und erschöpft. Ein zügiger, aber ruhiger Fluß, der einen mühevollen Weg durchs verästelte Delta antrat.

Auch wir waren am Ende unserer Kräfte. Die Augen schmerzten von Schweiß, Kälte und Wind.

Die Felswände des Canyon Jökulsargljufur fallen 50 bis 60 Meter senkrecht und glatt zum Fluß hin ab.

Die Rückenmuskulatur hatte sich vom Schleppen und Paddeln total verspannt. Doch weit konnte es bis zum Arktischen Ozean nicht mehr sein. »Vielleicht noch dreißig Kilometer«, vermutete ich.

»Das ist doch ein Klacks!« stieß Christopher triumphierend hervor, und unsere Arme arbeiteten ganz automatisch weiter.

Dann, eines Abends, hörten wir ein kraftvolles Rauschen. Was hatte das zu bedeuten? Eine neuerliche Gefahr? Oder war es die Übermüdung, die unsere überreizten Sinne zu derartigen Phantasien trieb? Nein, das konnte nicht sein.

Wir kniffen die Augen fest zusammen, rieben sie und paddelten gegen den Strom, daß das Faltboot beinahe stillstand.

»Das ist Wellenrauschen! Hörst du, es schwillt an«, strahlte Christopher und stieß Freudenschreie aus.

Im gleichen Augenblick sahen wir in der Ferne, wie sich die Gletscherfluten des Jökulsá mit majestätischer Wucht und unwiderstehlichem Schwung ins Meer wälzten.

Vor uns dehnte sich das Meer hinaus ins Offene, abweisend und verschlingend; erlösend und faszinierend.

Wie weit man sehen konnte!

Der Blick fand keine Grenze.

Gischt, Schaum und wilde Dünung.

Wir waren am Ziel.

Traumerfüllung.

Ein überwältigendes Gefühl.

Irgendwie konnten wir es noch gar nicht fassen, daß wir hier waren, an diesem Punkt unserer Träume, der uns manchmal so unsagbar weit entfernt schien. Jetzt brauchten wir uns nicht mehr gegenseitig auf die Nerven zu fallen mit dem selbstauferlegten Zwang: ›Wir müssen zum Meer.‹

Wie eine Schlange windet sich der Jökulsá durch diese steinerne Zwangsjacke . . .

. . . erreicht die Höhe seiner Kraft und wird zu einem wilden Ungetüm.

Wir waren da! Die Zeit unseres Jökulsá-Traumes war vorbei. Ausgehöhlt und zerschlagen zogen wir das Faltboot weit auf das Ufer. Mit im Wind flatternden Haaren setzten wir uns auf den Bootsrand, und unsere Blicke schweiften über das wildatmende Meer. Wolken segelten am Himmel. Die Dämmerung war endlos. Ich hielt den Atem an und lauschte: Dieses Rauschen! Wie das Gebrüll eines wilden Tieres. Es sauste mir in den Ohren. Dieser Rhythmus der Wellen! Es war ein Kommen und Gehen ... Einatmen und ausatmen.

Oft hatten wir diesen Tag herbeigesehnt und uns ausgemalt, wie es sein würde, wenn der Ozean vor uns lag. Und nun?

Nach dieser euphorischen Wir-haben's-geschafft-Stimmung sagte ich nur: »Das war's also! Wieder einen Fluß befahren. Diesmal sogar eine Erstbefahrung.«

Ach ja, diese Flüsse! Viele haben mich im Laufe der Jahre mit Haut und Haaren in ihren Bann gezogen: Nil, Niger, Bani, Suam, Turkwel, Mackenzie und nun der Jökulsá á Fjöllum. Mehr und mehr ahne ich, daß es keinen Fluß gibt, dessen Befahrung mich anhaltend glücklich macht.

Vielleicht fühle ich sogar wie manch ein Bergsteiger, der nach Erreichen seines Ziels eine innere Leere spürt und sofort einen neuen Gipfel anpeilt.

Denkbar wäre es aber auch, daß ich – immer wieder von neuem – die Konfrontation mit dem Unerwarteten und eine Fülle von intensiven Eindrükken brauche. Ist das mein Lebenselixier?!

Tatsache ist: Nichts im Leben hat mir auch nur annähernd so zu Erkenntnissen verholfen wie die Fluten ungestümer Ströme. Sie haben mir eigene Schwächen gezeigt, meine innere Textur verändert, und mich zurechtgerückt, genau in mein natürliches Zentrum, wo ich wesensartig hingehöre.

Ich bewundere die natürliche Kraft des Wassers und liebe es, über die ungezähmten Fluten von Flüssen zu gleiten.

Ja, genau, das ist es – Liebe!

Das ist der Name für jenes strahlende Glücksgefühl, das seit meiner ersten Flußfahrt in mir gewachsen ist und das sich allmählich in die Seele gräbt, und das auch ein Teil von dem war, was uns in diese abgelegene Wildnis von Island gezogen hatte.

Mit jedem Kilometer blieb ein Stück meines Herzens in der Wüste der Missetäter, am Jökulsá á Fjöllum. Kein Tag verlief jemals eintönig. Selbst wenn sie sich vollkommen zu gleichen schienen, ganz taten sie es niemals. Und das war es, was dem Leben in der Wildnis diese besondere Dimension verlieh. Eine Welt, zusammengesetzt aus Kontemplation und simplen Kontrasten: Wind, Wolken, Sonne, Lava, Eis und Wasser.

Ich schlage vor, daß wir heute hier am Meer übernachten. Morgen geht's dann zurück«, hörte ich Christophers Stimme. »Wieviel Kilometer sind es eigentlich zu Fuß bis zur nächsten Piste?«

Ich kramte die Landkarte aus dem Gepäck. »Es müssen etwa zwanzig bis dreißig Kilometer sein. Wenn wir Glück haben, treffen wir auf einen Bauernhof. Von da aus kommen wir dann problemlos nach Reykjavik.«

»Und was machen wir mit dem Boot?«

»Das nehmen wir natürlich mit. Wir können es ja nicht hier so liegen lassen. Gepäck haben wir ja nicht mehr viel. Und die Lebensmittel sind auch fast aufgebraucht. Vielleicht finden wir sogar einen abenteuerlustigen Isländer, dem wir unser angeknackstes Boot andrehen können.«

Wir lachten.

»Eigentlich schade, daß es morgen wieder zurück geht«, meinte Christopher ein bißchen wehmütig.

Ich nickte. »Aber was soll's, bis Reykjavik ist es ja noch weit!« Und das war gut so. Wir würden uns einfach Zeit lassen, um die Fülle der Erlebnisse in aller Ruhe zu verarbeiten.

Mit dem mystisch-romantischen Licht der Mitternachtssonne wurde der Wind heftiger und peitschte uns Gischtspritzer ins Gesicht. Wir spürten die Näs-

Kurz vor dem Mündungsdelta des Jökulsá á Fjöllum führt eine große Brücke über den wilden Fluß.

Dort wo die Fluten des Jökulsá in das Nordmeer münden, endet die Expedition. Ausgehöhlt und zerschlagen schweifen die Blicke von Achill und Christopher über das wildatmende Meer.

se auf der Haut. Schäumende Wellen brüllten laut und leckten zischend aufs Ufer. Unablässig brandete das Meer heran. Einatmen und ausatmen. Hinauf und hinunter. Auf und ab. Dieses Meer! So viel Wasser, so viel Kraft. Eine ewige Bewegung von nirgendwo. Meine Augen waren weit draußen. Diese Weite! Eine Weite, die mir meine innere Enge belegte.

Und wieder glitten meine Gedanken davon. Mit der salzig feuchten Luft auf den Lippen, dachte ich: Die Zeit im Odadahraun – diese kleine Ewigkeit – geht eigentlich nur die Wüste, den Gletscher, den Fluß und uns selbst etwas an. Wer sonst könnte verstehen, was diese Wochen für uns bedeuteten?

Danksagung

Tiefsten Dank meiner Mutter und Rita Eickhoff, die mir zwei Dinge gaben, die ich am nötigsten brauchte: warmherziges Verständnis und nicht endenwollende Ermutigung.

Weiterhin gibt es eine Anzahl von Menschen, die ihren Teil zur Verwirklichung unserer Islandreise beigetragen haben. Ohne sie wäre die Odadahraun-Unternehmung und dieses Buch niemals zustande gekommen. Ihnen allen – den stillen Helfern und Freunden im Hintergrund – meinen herzlichen Dank. Dieses Buch ist Euch gewidmet!

Jörgpeter Ahlers für das informativ-sachliche CLUB-Interview auf NDR II, obwohl schwerer Rotwein unsere flatterhaften Zungen am Abend zuvor lähmte.

Udo Behrens und sein SPORTHÜTTE-Team für die freundliche Bereitstellung von Ausrüstungsgegenständen.

Randolph (›Randy‹) Braumann nicht nur für seine unfehlbare professionelle Hilfe, sondern auch für seine beharrlichen Bemühungen als mein journalistischer Geburtshelfer.

Der liebenswerten Eagle Air Angestellten in Reykjavik, Lágmúli 7, für ihre Hilfe beim Umbuchen meines Flugtickets.

Annethee Grabkowsky für Ratschläge und geopferte Tipp-Wochenenden.

Karin Hartjenstein für Gastfreundlichkeit und spezielle Island-Tips.

Jean-Paul für die halsbrecherische Landroverfahrt im Odadahraun.

Osvaldur Knudsen für wichtige Hinweise und Präsentation seiner beispielhaften Filme über Islands Vulkanismus.

Edgar Kanzewitsch und Herrn Bergner für die POUCH-Faltboote.

Joachim Karsten für verläßliche Hilfe beim Transport der Faltboote.

Christoph Kunheim für die OLYMPUS-Fotoausrüstung und Wartung der Kleinbildkameras und Objektive.

Frau Dr. Eva Kühn-Westphal für medizinische Beratung und Behandlung meiner Wehwehchen.

Gunnar Molander und sein CARAVAN-Team für die großzügig zur Verfügung gestellten Ausrüstungsgegenstände.

Heinz Pallasch für Vertrauen und seine finanzielle ›Not-am-Mann-Spritze‹.

Karin Rogers für Publikationsbemühungen in Spanien.

Herrn Schröder für warme Faserpelz-Bekleidung und Trockenanzüge von HELLY HANSEN.

Dem Wikinger für lebensrettende Hilfe am Dettifoss. Ohne ihn würde es dieses Buch und auch uns nicht geben.

Rolf Winter für die wohlwollende Unterstützung unseres isländischen ›Suizidversuches‹ und seinem GEO-Team für die hervorragende Layoutdarstellung unserer Island-Reportage.

Astrid und Carsten Wulff für die ›feuchtfröhliche Biernacht‹ in Skaftafjell sowie stimulierende Gespräche und Manuskripttippen.

II. Teil:
Handbuch für den Islandreisenden

von Ortwin Pelc

Inhalt

Vorbemerkung

Durch Lavawüsten und Schneefelder stolpernd, von Sturm gepeitscht, durchfroren und erschöpft, in Stromschnellen gekentert: Das ist Island unter extremen Bedingungen, wie Achill Moser und Christopher Landerer es erlebten, und gewiß nicht jedermanns Sache.

Island und die Isländer sind auch auf andere Art kennenzulernen. Die bequemste – wenn auch nicht die preiswerteste – Möglichkeit bieten organisierte Reisen. Zahlreiche Reiseunternehmen veranstalten kombinierte Flug- und Bustouren mit gebuchten Hotels, Führungen und Besichtigungen.

Wer jedoch unabhängig reisen will, sei's zu Fuß, mit dem Auto oder Bus, wer die Einsamkeit sucht oder Vögel beobachten will, ungestört kraxeln oder jederzeit bleiben möchte, wo's ihm gefällt, der muß seine Reise selbst planen.

Eine Islandreise bedarf da schon einiger besonderer Vorbereitungen: Landesnatur, Wetter, Verkehrs- und Verpflegungsmöglichkeiten lassen sich nicht unbedingt mit denen anderer Reiseländer vergleichen.

Im folgenden haben wir Informationen zusammengestellt, die uns bei der Planung und Durchführung einer selbstorganisierten Islandreise nützlich schienen. Routenvorschläge und Sehenswürdigkeiten, Ortsbeschreibungen und Öffnungszeiten der Museen wird der Leser hier vergeblich suchen, darüber gibt es bereits Reiseführer. Wir wollen mit den Reisemöglichkeiten nach und auf Island vertraut machen, Tips und Anregungen, Hinweise und Warnungen geben, damit der Reisende Land und Leute besser kennenlernt und vor unliebsamen Überraschungen verschont bleibt.

Die folgenden Informationen basieren weitgehend auf eigenen Erfahrungen. Sie sind deshalb subjektiv, z. T. auch lückenhaft, von persönlichen Zu- und Abneigungen nicht frei. Wir haben uns auch nicht gescheut, Namen zu nennen, wenn wir gute oder schlechte Erfahrungen – z. B. mit der Ausrüstung – gemacht haben.

Wir hoffen, daß unsere Informationen anderen Islandreisenden nützlich sind, daß sie nicht nur die Reise erleichtern, sondern auch die Faszination des Landes unter dem Polarkreis vermitteln helfen.

Naturschutz auf Island

Bitte beachten Sie folgende 10 Punkte, wenn Sie Island bereisen.

1. Bitte verlassen Sie Ihren Camping- oder Rastplatz so, wie Sie ihn gern vorfinden möchten.

2. Nehmen Sie Ihren Abfall mit, bis Sie Gelegenheit haben, sich seiner in einem Müllbehälter zu entledigen. Werfen Sie ihn weder weg noch vergraben Sie ihn.

3. Halten Sie Quellwasser und Bäche sauber. Andere haben nach Ihnen Gebrauch dafür.

4. Nehmen Sie Rücksicht auf die unberührte Natur und zerstören Sie nicht die überaus empfindliche Vegetation.

5. Verursachen Sie keinen Schaden an geologischen Formationen.

6. Vorsicht und Vernunft sind Motto Nr. 1 beim Anzünden und Bewachen von offenem Feuer.

7. Bitte halten Sie sich beim Fahren im Landesinneren auf den Wegen, damit Flora und Terrain erhalten bleiben.

8. Bitte halten Sie sich auf den Fußpfaden wo es verlangt wird.

9. Beachten Sie Naturschutzregeln und befolgen Sie gegebenenfalls den Rat des Aufsichtsbeamten.

10. Behandeln Sie grundsätzlich Ihre Umgebung mit Respekt.

Island

Island? Das liegt irgendwo im Norden, in Richtung Grönland. Kalt ist es da, voller Vulkanismus und Eis, das sagt ja schon der Name. Ach ja, und mit Großbritannien gibt's da immer Streit wegen des Kabeljaus.

So oder ähnlich mögen die Antworten lauten, wenn ein Mitteleuropäer nach Island befragt wird. Es gibt hierzulande bestimmt auch einige, die mehr über Island wissen. So kennen Geologen die Insel als ausgezeichnetes Studienfeld für Vulkanismus, Vogelkundler die einzigartige Vogelwelt und Literaturhistoriker die altnordischen Sagas.

Daß das allgemeine Wissen über Island bei uns relativ gering ist, liegt auch an seiner geringen weltpolitischen und wirtschaftlichen Bedeutung sowie an der isolierten Lage als Insel im Nordmeer.

Island liegt knapp unterhalb des nördlichen Polarkreises, ungefähr 1000 km von Norwegen, 600 km von Großbritannien und 300 km von Grönland entfernt. Seine Fläche von 103 000 km^2 läßt sich mit der der DDR oder der Gesamtfläche der beiden Bundesländer Baden-Württemberg und Bayern vergleichen. Die Bevölkerungszahl dagegen erreicht mit rund 230 000 Einwohnern nur die der Städte Augsburg, Aachen oder Lübeck.

Erdgeschichtlich ist Island relativ jung, es ist vor ca. 60 Millionen Jahren entstanden. Dabei ist noch umstritten, ob es sich durch vulkanische Tätigkeit auf dem Meeresboden oder als Überrest einer gewaltigen Landmasse zwischen Schottland und Grönland gebildet hat.

Zahllose Vulkanausbrüche, die Eiszeiten, Bewegungen der Erdoberfläche und das Meer haben die Insel geformt; erloschene und noch tätige Vulkane, Gletscher, Lavafelder, Hochebenen, Fjorde und Steilküsten bestimmen das Landschaftsbild.

Die starke vulkanische Tätigkeit wird durch Islands Lage auf dem Mittelatlantischen Rücken hervorgerufen. Tektonische Verschiebungen dieses unterseeischen Gebirges führten zu einer vulkanischen Zone, die von Jan-Mayen im Eismeer über Island und die Azoren bis in die Antarktis reicht. Quer über die Insel – ungefähr von Nordost nach Südwest – zieht sich ein breiter, vulkanisch aktiver Gürtel mit rund 30 noch tätigen Vulkanen. In den letzten 1100 Jahren sind sie ca. 150 mal ausgebrochen und haben das Land mit rauher Blocklava oder glatter Fladenlava überzogen.

Zahlreiche Vulkanformen gibt es zu sehen: Kegelvulkane (Snaefellsjökull, Eyafjallajökull, Öraefajökull), Schild- und Tafelvulkane wie den beeindruckenden Herdubreit. Mehrere Kilometer lang sind die Spaltenvulkane wie die Hekla, die große Mengen von Lava und Asche ausstoßen und damit weite Landstriche bedecken. Auch unter den Gletschern befinden sich Vulkane. Ihr Ausbruch läßt die Eismassen abschmelzen und führt oft zu verheerenden Überschwemmungen.

Island ist zu rund 10 % von Gletschern bedeckt, deren größter, das Gletscherplateau Vatnajökull, eine Fläche von 8400 km^2 bedeckt. Wenn Teile der Eismassen im Frühjahr abtauen, stürzen gewaltige Wasser- und Geröllmassen die zahlreichen Flüsse hinab, deren Lauf durch Katarakte und Wasserfälle, darunter so bekannte wie den Dettifoss und den Gullfoss, unterbrochen wird.

Grundwasser, das sich in der Nähe vulkanischer Herde erhitzt, tritt an ungefähr 250 Stellen der Insel als heiße Quellen an die Erdoberfläche. Der Große Geysir im Haukadalur hat den heißen Springquellen in der ganzen Welt seinen Namen gegeben. In einigen Thermalgebieten Islands wird der Wasserdampf zum Betreiben von Kraftwerken, Treibhäusern und Schwimmbädern genutzt. Ganz Reykjavik wird auf diese Weise mit heißem Wasser für die Haushalte und zum Heizen versorgt, deshalb sieht

Von den Vulkanen
Hekla . . .

. . . und Askja sind in den vergangenen Jahrhunderten zahlreiche Zerstörungen ausgegangen.

man in der Stadt keine Schornsteine.

Mischt sich in einigen Thermalgebieten das heiße Wasser mit glühender Lava und Gasen, entstehen Solfataren mit kochenden Schlammkratern wie am Namafjall in der Nähe des Mývatn.

Islands Klima wird durch den Golfstrom begünstigt, der dem Land trotz seiner Lage am Polarkreis relativ milde Winter beschert. Nur sehr selten wird Packeis von dem kalten Ost-Grönland-Strom an die isländische Küste gedrückt. Reykjavik und Hamburg haben im Januar fast die gleiche Durchschnittstemperatur. Im Sommer steigen die Temperaturen kaum über 12 °C, allenfalls in den Tälern des Hochlandes liegen sie bisweilen etwas höher.

Mit starken Regenfällen muß jederzeit gerechnet werden. Meist gibt es aber nur kurze Schauer, die schnell von Sonne und Wind vertrieben werden. Der meiste Niederschlag wird an den Gebirgshängen des Südostens verzeichnet. Winde herrschen ununterbrochen, an der Küste können sie sich zu kräftigen Böen und auch Stürmen ausweiten. Islands nördliche Lage bedingt, daß die Sonne von Anfang Juni bis Anfang August nur kurz untergeht, im Norden kann sogar die Mitternachtssonne beobachtet werden. Im Winter scheint die Sonne nur drei bis vier Stunden täglich.

Das ständig wechselnde Wetter macht eine der Faszinationen Islands aus. Innerhalb nur weniger Stunden kann man einen wildbewegten Wolkenhimmel mit Regenschauern sowie strahlenden Sonnenschein mit ungeahnter Fernsicht erleben.

Islands geographische Lage, sein Klima und nicht zuletzt die Einflüsse des Menschen haben die Entwicklung seiner Pflanzen- und Tierwelt bestimmt. Auffällig ist das fast völlige Fehlen größerer Bäume. Mit der Besiedlung Islands verschwanden allmählich die einst ausgedehnten Wälder durch Rodung und weidende Schafe. Aufforstungsmaßnahmen sollen dieser Entwicklung entgegenwirken. In Gärten und Parks werden einzelne Bäume sorgsam gepflegt; darüber hinaus findet man als höchste Gewächse auf der Insel nur Birken und Buschwerk.

Gräser und Zwergsträucher, Kräuter sowie zahlreiche Moos- und Flechtenarten herrschen vor. Der Naturfreund findet hier Pflanzen, die im übrigen Europa nicht vorkommen. Als Reisender muß man schon etwas genauer hinsehen, um die Vielfalt der isländischen Pflanzenwelt zu entdecken. Wer erkannt hat, mit welcher Zähigkeit sich die Pflanzen gegen die z. T. widrigen Lebensbedingungen durchzusetzen versuchen, wird auch die Naturschutzbestimmungen der Isländer verstehen und unterstützen.

Die isländische Tierwelt wird von Millionen von Vögeln bestimmt, die an der Küste und auf den Inseln, auf den Seen und Flüssen leben. 230 Arten gibt es, aber nur ca. 80 brüten hier. Am häufigsten vertreten sind verschiedene Möwen- und Entenarten (s. S. 159). An Säugetieren gab es ursprünglich nur den Polarfuchs und den besonders an der Nordwestküste anzutreffenden Seehund. Ratten, Mäuse, Nerze sowie ca. 2000 Rentiere wurden erst durch den Menschen eingeführt. In den Seen und Flüssen leben nur fünf Fischarten, u. a. Lachs und Forelle, dafür gibt es sie aber in großer Zahl (s. S. 163).

Island ist eines der wenigen Länder, von dem der Beginn der Besiedlung recht genau bekannt ist. Bereits am Ende des achten Jahrhunderts betraten irische Mönche die Insel. Sie hatten aber keinen nachhaltigen Einfluß auf die Geschichte des Landes. Die eigentliche Besiedlung begann in den 870er Jahren, als norwegische Wikinger unter der Führung Ingolfur Arnarsons nach Island kamen. Sie wollten dem politischen und wirtschaftlichen Druck in ihrer Heimat entgehen. In der sog. Landnahmezeit, bis 930, folgten ihnen Tausende weiterer Siedler aus Skandinavien, Irland und Schottland. Um ihr Gemeinwesen zu organisieren, gründeten sie 930 das Althing, eine Versammlung, die in jedem Frühjahr im Thingvellir abgehalten und von der Gesetze beschlossen und Gericht gehalten wurde. Der islän-

Im Haukadalur kocht das Wasser des Strokkur-Geysir, wölbt sich zu einer Glocke, aus der plötzlich eine mächtige Wasserfontäne schießt.

Vor sich hinblubbernde Schwefelquellen kann man im Solfatarenfeld von Namaskard bestaunen.

Neben den Schotterstraßen und Pisten lagern die Schafe. Jedes Jahr werden 400 000 von insgesamt 600 000 Tieren exportiert.

In Küstennähe leben die Papageientaucher.

dische Staat mit republikanischen Grundzügen war geboren.

982 entdeckten Isländer unter Führung Eiriks des Roten Grönland, im Jahr 1000 fuhr Leif Eiriksson bis nach Nordamerika. Im selben Jahr wurde in Island das Christentum eingeführt; es folgte die Gründung zweier Bischofssitze und mehrerer Klöster. Im Dienste der Kirche fand die Schreibkunst Eingang in Island. Schon im 11. Jahrhundert wurde die Geschichte Islands aufgezeichnet; weitere bedeutende Werke folgten, von denen die Heimskringla, die Geschichte Norwegens, von Snorri Sturluson (1179 – 1241) hervorzuheben ist.

Die Zeit vom 12. bis zum 14. Jahrhundert gilt als die Blütezeit der isländischen Literatur, die das Land in der Geistes- und Literaturgeschichte Europas einen besonderen Platz einnehmen läßt. Neben der Geschichtsschreibung sind die Sagas, die Edda und die Skaldendichtung berühmt. Die ca. 40 Sagas sind Geschichten mit einem wahren Kern, die vermutlich erst nach langer mündlicher Tradition aufgezeichnet wurden. In Versform wurden die Edda, eine Sammlung von Götter- und Heldenliedern sowie Spruchweisheiten, und die Preislieder der Skaldendichtung verfaßt.

Streit unter den großen isländischen Familien, zunehmende Verarmung und die folgende Abhängigkeit von norwegischen Importen beendeten die isländiche Selbständigkeit: 1262 kam es unter norwegische Herrschaft, 1380 zusammen mit Norwegen an Dänemark. Jahrhunderte der Abhängigkeit begannen, verbunden mit Handelsbeschränkungen und Hungersnöten; verheerende Vulkanausbrüche und Seuchen im 15. und 18. Jahrhundert verschlimmerten das Los der Bevölkerung.

Als sich im 19. Jahrhundert die Lebensbedingungen verbesserten und die neuen politischen Ideen aus Europa Island erreichten, entwickelte sich auch hier eine nationale Bewegung, geführt von Jón Sigurdsson. Dänemark mußte die Handelsbeschränkungen lockern, das 1800 aufgelöste Althing wurde 1843 wieder eingesetzt, 1874 erhielt Island eine Verfassung. Ein unabhängiger Staat wurde das Land 1918, nur noch in Personalunion mit Dänemark verbunden.

Als Reaktion auf den deutschen Einmarsch in Dänemark und Norwegen besetzten 1940 britische Truppen die Insel, im folgenden Jahr wurden sie von US-Streitkräften abgelöst.

Im Mai 1944 erklärte die überwältigende Mehrheit der Isländer in einer Volksabstimmung die Verbindung mit Dänemark endgültig für erloschen und am 17. Juni wurde im Thingvellir die unabhängige Republik ausgerufen. Seitdem wählen die Isländer alle vier Jahre 60 Abgeordnete in das Parlament (Althing) sowie einen Staatspräsidenten.

Auch nach dem Ende des zweiten Weltkrieges blieben die Amerikaner weiter auf Island, bauten Keflavik zu einem großen Flughafen und Militärstützpunkt aus, förderten damit aber auch in beträchtlichem Umfang den wirtschaftlichen Aufschwung des Landes und den damit verbundenen Anstieg des Lebensstandards. Vor der Sowjetunion, Großbritannien und der Bundesrepublik sind die USA nach wie vor der Haupthandelspartner Islands. Im Rahmen der NATO – der Island 1949 trotz heftiger Proteste eines Teils der Bevölkerung beitrat – untersteht die Inselrepublik dem militärischen Schutz der USA, da sie selbst keine Truppen unterhält.

Die wichtigste Einnahmequelle für die isländische Wirtschaft ist die Hochseefischerei. Es werden u. a. Kabeljau, Schellfisch, Rotbarsch und Lodde gefangen. Die Abhängigkeit des Landes von diesem Wirtschaftszweig wird durch die Ausweitung seiner Hoheitsgewässer auf 50 Seemeilen (1972) und der Fischereigrenze auf 200 Seemeilen (1974) verdeutlicht, die Island den »Kabeljaukrieg« mit den anderen Fischfangnationen riskieren ließ.

Fast jeder Hafen der Insel hat Fischfabriken, in denen die Fänge für den Export gefroren, getrocknet oder in Dosen verpackt werden. Der Walfang ist

Eine Kirche inmitten der Einsamkeit.

Herzstück des Odadahraun ist die Askja-Caldera. Nach der letzten Eiszeit entstanden hier vulkanische Einsturzkessel, in deren Kratern sich farbenprächtige Seen gebildet haben.

Der fauchende Wasserfall Seljalandfoss: eine regenbogenüberwölbte Sprühpracht.

Die Wellblechdächer vieler isländischer Höfe leuchten in farbenfrohem Rot.

Von den genügsamen Islandponys, die mit Gras allein und ohne Stall auskommen, existieren heute noch 50 000 auf der Insel.

Islands Landesinnere ist unbewohnt und unbewohnbar. Die Erdoberfläche ist hier wüst und leer, ohne Vegetation.

Ein paar Häuser und eine Kirche gelten wie hier in Glaumbaer schon als Dorf: Auf Thingvellir wurde im Jahre 930 das Althing, die erste gesetzgebende Volksversammlung Europas, ausgerufen.

aufgrund der strengen Quotierungen zurückgegangen, die blutigen Schlachtszenen an der Fangstation im Hvalfjördur sind aber immer noch ein beliebtes Touristenziel.

Die Landwirtschaft dient weitgehend der Deckung des Inlandbedarfes. Allein Lammfleisch, Wolle und Felle gelangen in den Export. Neben der vorherrschenden Schafzucht und der traditionellen Islandponyzucht gewinnt die Rinderzucht an Bedeutung. Getreide und Kartoffeln werden nur in geringen Mengen angebaut. Ein Teil des inländischen Gemüsebedarfs wird durch die mit Hilfe der heißen Quellen beheizten Gewächshäuser gedeckt. Staunend kann der Reisende in diesen nördlichen Breiten, z. B. in Hveragerdi, zahlreiche Gewächshäuser voller Blumen, Tomaten, Gurken, Trauben und Melonen bewundern.

Obwohl Island arm an Bodenschätzen ist, spielen neben der Fischverarbeitung zunehmend auch einige andere Industriezweige eine Rolle. Bei Reykjavik arbeiten eine Aluminiumhütte und eine Kunstdüngerfabrik, in Akranes wird Zement gewonnen und am Mývatn-See Diatomit zu Filtereinsätzen verarbeitet.

Trotz der Bemühungen um die Entwicklung neuer Wirtschaftszweige hat Island mit wirtschaftlichen Schwierigkeiten, z. B. der negativen Außenhandelsbilanz, zu kämpfen. Die hohe Inflationsrate fällt dem Besucher auf, wenn er am Ende seiner Reise mehr Kronen für seine Devisen erhält als bei der Ankunft.

Ebenso wie Island selbst, sind auch die Isländer ein Volk von Widersprüchen . . .

Isländisch ist eine schwierige Sprache, auf einer Reise wird man deshalb nur wenige Worte sprechen und verstehen lernen. Das hohe Bildungsniveau der Isländer kommt deshalb dem Kontakt mit ihnen entgegen, die meisten sprechen Englisch und z. T. auch Deutsch.

»Die« Isländer können und sollen hier nicht vorgestellt werden. Um etwas über sie zu erfahren, sollte man sich vielleicht zuerst mit ihrer umfangreichen Literatur befassen; die Isländer selbst sind nicht nur ausgesprochen eifrige Leser, sie haben auch viele Schriftsteller, von denen Halldor Laxnes der international bekannteste ist. Die Menschen dieses Landes, ihre Lebensweise, Probleme und Wünsche kann der Reisende näher kennenlernen, wenn er den persönlichen Kontakt zu ihnen sucht. Das mag bei einem nur wenige Wochen dauernden Aufenthalt nicht einfach sein. Gelegenheit dazu bieten im Sommer z. B. der Nationalfeiertag (17. Juni), der Bankfeiertag (erster Montag im August), das Volksfest auf den Westmännerinseln (erste Augustwoche) oder der Schafeintrieb (September), bei denen ausgiebig gefeiert und gesungen wird. Wer etwas länger im Land bleibt, kann Zugang zu der Lebens- und Arbeitswelt der Isländer bekommen, indem er in einer Fischfabrik oder auf einem Bauernhof arbeitet.

Etwa die Hälfte der isländischen Bevölkerung lebt in dem Ballungsgebiet Reykjavik – Kopavogur – Hafnarfjördur. Es bildet auch das wirtschaftliche,

. . . das exzentrische ihres Wesens liegt in der rauhen Umwelt des Landes aus Feuer und Eis.

administrative und kirchliche Zentrum des Landes. Zählt man die benachbarten Städte – Akranes, Selfoss, Keflavik – dazu, leben sogar zwei Drittel der Isländer hier im Südwesten der Insel.

Der streßgeplagte Reisende, der dem städtischen Leben und der Zivilisation entfliehen und nur die Natur genießen will, wird deshalb in den übrigen Teilen Islands in erster Linie nur einzelne Gehöfte und kleine Ortschaften antreffen. Sucht er die vollkommene Einsamkeit, die Natur weitab jeder menschlichen Siedlung, sollte er in den Nordwesten oder das Innere Islands fahren.

Fjorde mit steilen Küsten schneiden tief in die Nordwest-Halbinsel ein, lassen die See das rauhe Klima formen. Das Innere Islands ist nur auf zwei Pisten zu durchqueren. Geröllebenen und Lavafelder, Sandwüsten und Vulkane, Gletscher und reißende Flüsse bestimmen dieses Hochland.

Nicht nur dieser Teil des Landes fordert von dem Islandreisenden Aufgeschlossenheit gegenüber der Natur und den Menschen, die mit dieser Natur leben.

Die Ausrüstung

Tips für eine Reiseausrüstung sind immer subjektiv, denn jeder hat andere Bedürfnisse und Reiseabsichten oder hat bereits bestimmte Erfahrungen gesammelt. Eine perfekte Ausrüstung, die für jede Landschaft und Klimazone verwendet werden kann, gibt es nicht. Daher wollen wir – um Erfahrungen zu vermitteln und Anregungen zu geben – auf einige Ausrüstungsfragen eingehen, die für eine Islandreise von besonderer Bedeutung sind.

Die Liste mit Ausrüstungsgegenständen ist auf den Rucksackwanderer zugeschnitten, ebenso wie die folgenden Hinweise. Besondere Ausrüstungsprobleme, z. B. für Autofahrer, werden in den entsprechenden Kapiteln angesprochen.

Zuerst zur Campingausrüstung.

Wegen des ständigen und mitunter auch recht heftigen Windes ist ein stabiles Qualitätszelt, das dem Wind möglichst wenig Angriffsfläche bietet, erforderlich. Es sollte ausreichend viele Abspannleinen haben; für den in der Regel steinigen Untergrund braucht man kräftige Häringe. Wichtig ist ein Doppeldachzelt: Es hält den immer zu erwartenden Regen besser ab und isoliert etwas gegen die relativ niedrigen Temperaturen auf Island. Sowohl unser Hobbyt-Kuppelzelt als auch das Caravan Keb bewährten sich bei unterschiedlicher Witterung.

Als Liegeunterlage ist eine Iso-Matte einer Luftmatratze vorzuziehen. Sie ist nicht nur leichter, sondern auch weniger anfällig gegen den steinigen Boden, und vor allem: Sie schützt besser vor Bodenkälte.

Dem Klima entsprechend sind für Island mumienförmige Daunen- oder Kunstfaserschlafsäcke unbedingt zu empfehlen. Die Kunstfaser-Schlafsäcke sind zwar schwerer, aber auch unempfindlicher gegen Feuchtigkeit.

Zelte, Schlafsäcke und anderes Campingzubehör können in Reykjavik auch direkt vor dem Bus-

Fakten über Keb.

Konstruktion: Doppeltes, zusammengesetztes Firstzelt mit versetztem First und schrägen Schmalseiten. Auseinandernehmbar mit Karabinerhaken. Für 2 oder 3 Personen.
Anwendungsbereich: Wald- und Gebirgswanderungen zu jeder Jahreszeit.
Gewebe im Außenzelt und Boden: Grünes, silikonimprägniertes Polyester-Gewebe, einseitig mit Silikon beschichtet.
Gewebe im Innenzelt: Gelbes, silikonimprägniertes Baumwoll/Polyester-Gewebe.
Maße:

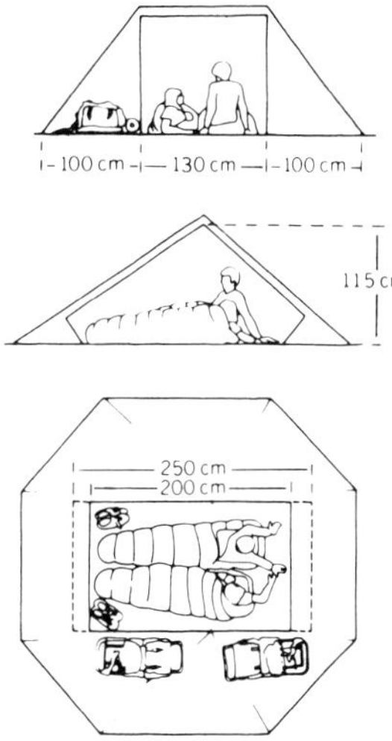

ACHTUNG! Das Innenzelt des Dreimannzeltes ist 170 cm breit.
Eingänge: An beiden Langseiten.
Apsiden: Bis zum Boden herab an beiden Langseiten.
Ventilation: Große, dreieckige Ventile mit Mückennetz an den Langseiten des Innenzeltes. Tütenförmige Lüfter auf beiden Apsiden. Die langen Befestigungsschleifen ermöglichen eine Höherlegung des ganzen Außenzeltes zwecks effektiver Durchlüftung. Die 2-Weg-Reißverschlüsse in den Apsiden können auch von oben geöffnet werden.
Packmaße: Längs des Packbeutels 45 cm, Ø Keb 2: 15 cm, Ø Keb 3: 20 cm.
Gesamtgewicht: Keb 2 ca. 3,6 kg, Keb 3 ca. 3,9 kg.

bahnhof entliehen werden: Tjaldleigan, BSI, Hringbraut.

Auf eine gute Campingausrüstung ist man gerade auf Island angewiesen, denn bei weniger gutem Wetter sind nur selten eine Jugendherberge oder ein billiges Hotel in der Nähe. Auf unseren Reisen haben wir dort manches Zelt zusammenknicken sehen und dessen Bewohner beim Zeltflicken wiedergetroffen.

Bei derartigen Mißgeschicken dürfen in der Campingausrüstung Flickzeug sowie Ersatzleinen und -häringe nicht fehlen. In größeren Sportgeschäften kann man Ratschläge, Ersatzteile und sogar eine neue Ausrüstung erhalten; solche Geschäfte gibt es aber nur in Akureyri (Amaro, Hafnarstraeti 99 – 101) und Reykjavik, hier z. B. am Hlemmur.

In diesen Sportgeschäften sowie kleineren Supermärkten anderer Ortschaften sind auch Campinggaz-Kartuschen für Gaskocher zu bekommen. Gaskocher sind bei dem ständigen Wind allerdings etwas mühsam zu benutzen. Wir haben beste Erfahrungen mit unserem Trangia-Spirituskocher gemacht, der bei einiger Vorsicht auch im Zelt angezündet werden kann und dann gleichzeitig als Heizung dient. Spiritus ist jedoch ausschließlich in Apotheken zu erhalten (in Reykjavik z. B. im Laugarvegur), weil er unvergällt ist und angeblich gern als Alkoholersatz verwendet wird. Größere Mengen »Brennsluspritt« werden nur verkauft (ca. 15,– DM pro Liter), wenn man in der Apotheke erklärt, daß er für den Campingkocher benötigt wird; eventuell muß man seinen Ausweis vorzeigen. Als Anhaltspunkt: Bei täglich zweimal kochen (Tee, Suppe) verbrauchten wir für zwei Personen in 21 Tagen rund zwei Liter.

Als Bekleidung sind Regenzeug, ein warmer Pul-

Der Trangia Kocher

lover und feste Bergschuhe unerläßlich. Wir entschieden uns für die zwar teuren, dafür aber strapazierfähigen Helly-Hansen-Regenjacken und -hosen, in denen sich keine Schwitzfeuchtigkeit bildet. Vorher mußte ich aber erst einmal die Erfahrung machen, daß man bei einfacher Kunststoff-Regenbekleidung in jedem Fall nach einer längeren Wanderung durchnäßt ist, egal ob es regnete oder nicht.

Einen Pullover gegen den auskühlenden Wind sollte man sich auf Island kaufen. Dort sind Schafwollsachen sehr viel billiger und auch geschmackvoller als in Deutschland; zudem hat man zugleich ein ansprechendes Souvenir.

Bei naßfeuchter Kälte oder Temperaturen unter null Grad hat sich die Helly-Hansen-Lifa-Unterwäsche sehr gut bewährt. Gleichwohl sollte man für eine Islandreise auch das Badezeug nicht vergessen, denn an vielen Orten gibt es Schwimmbäder und heiße Quellen.

Wer nicht nur in der Innenstadt von Reykjavik spazieren gehen will, braucht auf Island feste Wander- oder Bergschuhe, die auch die Knöchel umschließen. Auf dem zumeist felsigen Boden kann man sich sonst leicht verletzen.

Wegen der zahlreichen Bäche und Flüsse werden oft Gummistiefel empfohlen. Diese sind für den Rucksackreisenden jedoch ein zusätzliches Gewicht. Wir haben deshalb auf sie verzichtet und lieber ab und zu nasse Füße riskiert.

Da man sich auf einer Wanderung eine Verstauchung, Prellung oder einen Schnupfen – wenn nicht Schlimmeres – zuziehen kann, sollten einige Medikamente im Rucksack nicht fehlen: Verbandszeug, Desinfiziermittel, Pflaster, Schmerz- und Grippetabletten. Die ärztliche Versorgung auf Island ist zwar gut, doch im Ernstfall kann eine Siedlung recht weit sein.

Wegen der großen Entfernungen zwischen den Siedlungen sind die Einkaufsmöglichkeiten für Lebensmittel rar. Platz- und gewichtsparende Nahrungsmittel sind kaum zu bekommen oder recht teuer. Selbstversorger sollten aus diesem Grund einen gewissen Vorrat von zu Hause mitnehmen, z. B. Müsli, Schokolade, Teebeutel, Instantkaffee, Fertigsuppen und Zuckerersatz. Pro Person dürfen nicht mehr als 10 Kilogramm Lebensmittel eingeführt werden, für einige gibt es Einfuhrbeschränkungen (s. S. 130).

Ausrüstung

Windjacke
Regenkleidung
Pullover
Hemden
T-Shirts
Hosen
Unterhemden
Kurze/lange Unterhosen
Socken/Wandersocken
Mütze
Handschuhe
Badezeug
Schuhe/Wanderstiefel
Handtücher
Waschlappen
Schere
Nagelclip
Kamm
Sonnencreme
Sonnenbrille
Zahnbürste/ -paste
Seife
Deo
Shampoo
Nähzeug
Lederfett für Stiefel
Wäscheklammern
Schnur
Taschentücher

- Wecker
- Kompaß
- biol. Waschmittel
- Taschenlampe
- Lektüre
- Reiseführer
- Streichhölzer
- Schreibpapier/-stifte
- Rucksack
- Zelt
- Schlafsack
- Matte
- Kocher
- Eßgeschirr
- Besteck
- Wasserflasche
- Flaschen-/Dosenöffner
- Taschenmesser
- Medikamente:
  - Grippe-/Halstabletten
  - Vitamin-Tabletten
  - Schmerztabletten
  - Desinfiziermittel
  - Pflaster
  - Verbandszeug
  - Leukoplast
  - Fußacht/Elastikbinde
  - Lippen(fett)stift
  - Verhütungsmittel
  - Tabletten gegen Seekrankheit
- Lebensmittel:
  - Teebeutel
  - Instantkaffee
  - Zuckerersatz
  - Salz
  - Gewürze
  - Müsli (Haferflocken, Nüsse, Rosinen)
  - Schokolade
  - Fertigsuppen
- Fernglas
- Fotoapparat
- Filme
- Tickets
- Paß/Personalausweis (und Fotokopien davon)
- Schüler-/Studentenausweis
- Jugendherbergsausweis
- Adressen
- Schecks/Geld
- Karten

Die Anreise

Es gibt zwei Möglichkeiten nach Island zu kommen: mit dem Flugzeug und mit dem Schiff.

Wer mit seinen Urlaubstagen sparsam umgehen muß, dem sei das Flugzeug empfohlen. Die isländischen Fluggesellschaften Icelandair und Eagleair bieten von Anfang Juni bis Anfang September ein- bis zweimal wöchentlich Linienflüge von Frankfurt/Main, Düsseldorf, Amsterdam, Luxemburg, Zürich und Kopenhagen nach Keflavik an. Wer vor dem 28. Juni oder nach dem 16. August abfliegt, kann eine Ermäßigung von bis zu 200 DM erhalten.

Manchmal werden Ermäßigungen auf den Flugpreis angeboten, wenn man gleichzeitig z. B. eine Busfahrkarte für Island kauft. In diesem Fall sollte man sich aber vergewissern, ob das wirklich eine Ermäßigung ist, oder ob die gewünschten Fahrkarten auf Island nicht vielleicht billiger sind.

Die Flugzeit nach Island beträgt rund dreieinhalb Stunden. Vom internationalen Flughafen Keflavik, der 45 km von der isländischen Hauptstadt entfernt ist, fährt ein Zubringerbus zum innerisländischen Flughafen Reykjavik (Hotel Loftleidir). Es ist zwar bequemer, die Fahrkarte für diesen Transferbus bereits in Deutschland zu kaufen, aber auch teurer. Vom Flughafen in Reykjavik kommt man mit einem Stadtverkehrsbus oder einem Taxi in die Innenstadt.

Beim Rückflug verläßt der Transferbus den Flughafen Reykjavik jeweils zwei Stunden vor dem Abflug in Keflavik.

Weitere Informationen sind in den Büros der Icelandair zu erhalten:

- Roßmarkt 10, 6 Frankfurt/M. 1.
- Graf-Adolf-Straße 12, 4 Düsseldorf.
- Opernring 1, Wien 1.
- Hardtstraße 45, Basel.
- Stampfenbachstraße 117, Zürich.

Im Gegensatz zum Flugzeug, bei dem das Freigepäck 20 kg beträgt, kann man auf dem Schiff beliebig viel mitschleppen. Und vor allem: Gegen einen entsprechenden Aufpreis (siehe Auflistung) ist dies die einzige Möglichkeit, mit seinem Motorrad oder Auto nach Island zu kommen.

Zwischen Ende Mai und Anfang September fährt einmal wöchentlich die »Norröna« der Smyril-Linie von Hanstholm in Nordjütland/Dänemark nach Seydisfjördur an der isländischen Ostküste.

Wer diese Seereise macht, muß genügend Zeit mitbringen, sie dauert auf der Hinfahrt nämlich viereinhalb und zurück etwa zwei Tage. Auf der Hinfahrt hat man – auf eigene Kosten – fast drei Tage Aufenthalt auf den Faröern, eine gute Gelegenheit, auch diese Inselgruppe im Nordatlantik kennenzulernen. Währenddessen fährt die »Norröna« zu den Shetland-Inseln und nach Bergen, zwei Zusteigemöglichkeiten, falls jemand über Schottland oder Norwegen nach Island möchte. Die Rückfahrt ist kürzer, da das Schiff einen nur kurzen Zwischenstop auf den Faröern macht.

Für Kinder und Studenten gibt es Fahrpreisermäßigungen. Für Autos, die höher als 1,85 m oder breiter als 2,20 m sind, wird ein Mehrpreis von 50 % verlangt.

Weitere Informationen bei: Reisebüro Norden, Ost-West-Straße 70, 2 Hamburg 11.

Wer zwischen der Anreise mit dem Flugzeug oder dem Schiff zu wählen hat, sollte bedenken, daß auch bei der Schiffspassage der weite Anfahrtsweg nach Hanstholm, sowie die Verpflegung an Bord und der Aufenthalt auf den Faröern in die Kalkulation mit einbezogen werden müssen. Eine frühzeitige Buchung ist in beiden Fällen angebracht.

Fahrplan
Hanstholm/Nordjütland – Seydisfjördur 1985

		an	ab
Hanstholm	samstags		20.00
Torshavn	montags	06.00	09.00
Lerwick	montags	22.00	23.00
Bergen	dienstags	12.00	14.00
Lerwick	mittwochs	01.00	02.00
Torshavn	mittwochs	15.00	17.00
Seydisfjördur	donnerstags	08.00	12.00
Torshavn	freitags	06.00	09.00
Hanstholm	samstags	16.00	

Fährpreise Hanstholm/Nordjütland – Seydisfjördur pro Person 1985

Liege	DM 476,–
4-Bett-Kabine Standard	DM 513,–
4-Bett-Kabine Dusche/WC	DM 553,–
2-Bett-Kabine Dusche/WC	DM 620,–
2-Bett-Kabine Luxus	DM 709,–
PKW bis 5 m Länge	DM 347,–
weiterer Meter	DM 70,–
Motorrad	DM 109,–
Fahrrad	DM 22,–

Zollbestimmungen

Verboten ist die Einfuhr von:

- lebenden Tieren
- ungekochtem Fleisch und Fleischprodukten
- Eiern und anderen Geflügelprodukten
- Butter und ungekochter Milch
- Medizin (außer für den pers. Bedarf)
- Narkotika und Giften
- Feuerwaffen und Munition

Angelgerät und Boote müssen desinfiziert sein (Zeugnis). Die Desinfektion ist auch auf Island möglich, sie kostet ca. 30,– bzw. 120,– DM.

An Lebensmitteln dürfen max. 10 kg pro Person eingeführt werden. Reisende ab 20 Jahren dürfen einen Liter Spirituosen bis 47 % und einen Liter Wein bis 21 % oder zwölf Flaschen Bier zollfrei einführen. Ab 15 Jahren ist die zollfreie Einfuhr von 200 Zigaretten oder 250 Gramm Tabak erlaubt. Bis zu 2100 Kr. in isländischen Banknoten von höchstens 100 Kr. dürfen mitgebracht werden. In beliebiger Höhe ist die Einfuhr von ausländischen Banknoten, Reiseschecks u. a. gestattet.

Auf dem Fährschiff werden nur bis zu 100-Kronen-Scheine getauscht.

Zu Fuß

Land und Leute lernt man auf Island am besten zu Fuß kennen. Die Szenerie ist größtenteils noch so wild, daß das Wandern zum Abenteuer wird. Ob man die Einsamkeit sucht, um einmal mit sich selbst allein zu sein, ob man sich für historische Stätten oder andere Sehenswürdigkeiten interessiert oder mit der Familie ein Picknick in unberührter Natur erleben will, die isländische Wildnis ist so vielfältig, daß der Unternehmungslust keine Grenzen gesetzt sind.

Auch wer mit einem Fahrzeug unterwegs ist, sollte sich eine Wanderpause gönnen, sich vom Wind den Kopf freipusten lassen und die Natur abseits von Straßen und Tracks erleben. Auto und Motorrad kann man unbedenklich überall ein paar Tage stehenlassen. Wer auf Island wandert, wird das Land auf ungewöhnliche und manchmal beschwerliche Weise kennenlernen, aber er wird mehr sehen als ein Auto- und Busreisender und viel mehr als der Teilnehmer einer geführten Tour.

Mit dem Bus kann man sich auf der Ringstraße in die Nähe seiner Wanderregion bringen lassen. In größeren Orten wie Akureyri, Blönduos, Borgarnes und Egilstadir fahren mehrmals in der Woche Milchwagen von den Molkereien zu abgelegenen Gehöften. Sie können mehrere Fahrgäste mitnehmen; Auskunft über den »Milchwagentransport« ist vor Ort möglich. In Akureyri: KEA (Bögglageymsla), Hafnarstraeti 82.

Trampen ist auf Island grundsätzlich möglich, im Vergleich zum Verkehr stehen aber an der Ringstraße zu viele Tramper. Auf den Nebenstrecken kann man manchmal Tage auf ein Auto warten. Die wenigen geländegängigen Fahrzeuge, die sich durch das Hochland wagen, sind meist vollbepackt. Bauern nehmen einen zwar gerne mit, doch fahren sie meist nur kurze Strecken.

Spezielle Wanderrouten sollen hier nicht beschrieben werden, darüber gibt es bereits Literatur (s. S. 175). Einige allgemeine Hinweise sind aber nötig, denn besonders auf den wenig begangenen Wegen ist Vorsicht geboten.

Wandern auf Island heißt in erster Linie Bergwandern. Ausgesprochene Kraxler werden alpine Bedingungen in der Umgebung von Akureyri und am Kerlingafjöll im Hochland antreffen.

Ohne entsprechendes Kartenmaterial (s. S. 175) sollte niemals eine Wanderung unternommen werden. Man darf sich aber nur bedingt auf seine Angaben verlassen, da sich die Wegeverhältnisse, z. B. durch unterschiedliche Wasserführung der Flüsse, von Jahr zu Jahr ändern. Auch dem Kompaß darf nur bedingt vertraut werden. Aufgrund der Nähe zum Nordpol sowie magnetisierter Lavafelder können leicht Abweichungen eintreten, die den Wanderer orientierungslos machen.

Auf einer längeren Tour muß stets mit einem plötzlichen Wetterumschwung gerechnet werden. Dichte Nebelfelder können den Wanderer rasch einschließen, so daß er leicht den richtigen Weg verfehlt. In diesem Fall sollte man Ruhe und Geduld bewahren, an Ort und Stelle bleiben und die maximal zehn Stunden abwarten, bis sich das Nebelfeld verzogen hat. Auch in diesem Jahr ist wieder ein Wanderer – vom Nebel eingeschlossen – in Panik geraten, orientierungslos umhergeirrt, in eine Felsspalte gestürzt und nur durch Zufall schwerverletzt nach zwei Tagen gefunden worden.

Orientierungsgabe ist nicht jedem Menschen angeboren. Um sich in der Wildnis zurecht zu finden, benötigt man neben sachdienlichem Wissen auch eine gute Beobachtungsgabe. Felsformationen, Hügelketten, Lavasäulen, Baumgruppen oder ähnliche Landschaftsmerkmale muß man sich gut einprägen. Hin und wieder kann es sich auch als nützlich erweisen, wenn man auf einen Hügel oder Vulkankrater steigt, um Ausschau zu halten. Wenn man in abgelegenen Regionen unterwegs ist, sollte man vor allem aber den bereits zurückgelegten Weg vorsorglich und mit Bedacht kennzeichnen, um gegebenenfalls zu seinem Ausgangspunkt zurückzufinden. Dazu eignen sich kleine Stein- oder Lavahäufchen, die sich deutlich vom Landschaftsbild abheben müssen.

Da das Netz der isländischen Rettungshütten nicht allzu dicht ist, darf ein ausreichender Proviantvorrat im Gepäck nicht fehlen. Ist in einem Notfall keine Ansiedlung oder Rettungshütte in der Nähe, sollte man versuchen, die nächste größere Straße oder Piste zu erreichen. Aus diesem Grunde ist es auch sinnvoll, daß man die Fahrstrecken und -zeiten der Busse kennt; jeder Bus ist mit Sprechfunk ausgerüstet und kann Hilfe herbeiholen.

Es darf auch nicht überall mit Trinkwasser gerechnet werden, da Niederschläge, z. B. in der Wüste Odadahraun, schnell vesickern.

Gletscher sollten allenfalls mit einem erfahrenen Führer betreten werden.

Der unebene, mit Spalten durchsetzte Geröllboden von Lavafeldern ist meist nur mühsam und mit großem Zeitaufwand begehbar. Gefährlich sind die Sümpfe und die Schwemmsandgebiete der zahlreichen Flüsse.

Jeder Wanderer auf Island wird bei längeren Touren auf Flüsse treffen. Doch nur selten wird eine Brücke über das Wasser führen. Der unterschiedliche Wasserstand der Flüsse je nach den Witterungsverhältnissen läßt bei der Durchquerung äußerste Vorsicht geraten sein.

Wer sich lieber erfahrenen Führern anvertrauen will, dem seien die Wandertouren des Ferdafelag

Islands, Öldugata 3, Reykjavik, empfohlen. Der isländische Jugendherbergsverband bietet ebenfalls Wandertouren an, sie sind im Jugendherbergsverzeichnis aufgeführt.

Internationale Notsignale

Ein Mensch, am Ende seiner Kraft, schleppt sich total erschöpft durch die Wildnis. Er ist abgeschnitten von der zivilisierten Welt, allein, mit einem beängstigenden Gefühl der Verlassenheit. Und plötzlich hört er das monotone Motorengeräusch eines Flugzeuges, das hoch oben am Himmel kreist. Gedanken rasen ihm durch den Kopf. Wie kann er den Piloten auf sich aufmerksam machen?

Was kann man tun, um aus dieser lebensbedrohenden Lage gerettet zu werden?

In derartig verzwickten Situationen sollte man über die internationalen Boden-Notsignale Kenntnis haben, die von jedem Flugzeugpiloten verstanden werden. Zwecks deutlicher Abhebung vom Erdboden werden diese unterschiedlichen Notsignale mit Kleidungsstücken, Segeltuch, kleinen Büschen, Zweigen, Asche oder Steinklötze auf Wiesen, Waldlichtungen oder Geröll- und Lavafeldern ausgebreitet. In kalten Gefilden kann man seinen Notruf auch in den Schnee stapfen.

Alle Signale müssen mindestens zweieinhalb Meter lang sein; bei mehreren Zeichen sollten diese einen Abstand von einigen Metern haben.

I	Benötige Arzt, schwere Verletzung
II	Brauche Medikamente
X	Kann nicht weiter
F	Brauche Nahrung und Wasser
↑	Ich bewege mich in der angegebenen Richtung
△	Möglicher Landeplatz
LL	Alles O. K.
N	Nein
Y	Ja
L	Nicht verstanden

Wenn die Notsignale vom Piloten verstanden worden sind, wird er entweder grüne Blinkzeichen geben oder die Flügel auf- und abbewegen.

Mit dem Fahrrad und dem Motorrad

Fahrrad- und Motorradfahrer müssen viel Erfahrung haben, um eine Reise auf Island gut zu überstehen. Zwar sind der Unternehmungslust keine Grenzen gesetzt, doch unbefestigte Straßen und rasche Wetterwechsel werden jedem Zweiradfahrer zu schaffen machen.

Die Mitnahmemöglichkeiten von Motorrädern und Fahrrädern auf dem Fährschiff sind preiswert (vgl. S. 130).

Die Ausrüstung eines Zweiradfahrers ist von seinen persönlichen Erfahrungen auf ähnlichen Reisen abhängig. Warme und wetterfeste Kleidung ist auf jeden Fall erforderlich. Wegen der oft schlammigen und geröllübersäten Wegstrecken sollten auch Radfahrer einen Schutzhelm tragen, denn die Gefahr von Stürzen ist enorm groß und wird zumeist unterschätzt.

Art und Menge der Ersatzteile sind eine Platz- und Gewichtsfrage. Motorradfahrer können im Notfall Ersatzteile mit Hilfe eines Auslandsschutzbriefes über einen Automobilclub erhalten. Radfahrer sollten Ersatzschläuche und -mäntel, Motorradfahrer Bowdenzüge, Zündkerzen, einen Reservereifen und – wenn möglich – einen 5-Liter-Benzinkanister dabei haben (zum Benzin vgl. S. 141). Verstärkte Speichen verbessern die Stabilität der Räder. Die Dauerbelastung durch Schlaglöcher kann der Motorradfahrer durch den Einbau von weichen Federbeinen vermindern.

Zweiradfahrer werden während ihrer Reise zumeist gegen den heftigen Wind ankämpfen müssen. Die Schleuder- bzw. Unfallgefahr durch den Straßenbelag (Geröll, Schotter) oder Schlaglöcher erlaubt nur relativ langsames Fahren. Entsprechend großzügig sollten die Tagesetappen geplant werden. Bei Regen können sich die Schotterstraßen rasch in Schlammpisten verwandeln. Die starke Staubentwicklung nach einigen Tagen Trockenheit zwingt bei entgegenkommenden oder überholenden Fahrzeugen häufig zum Anhalten. Erschöpfte Radfahrer werden von den Überlandbussen natürlich mitgenommen, vorausgesetzt, für die Räder ist Platz im Kofferraum.

Auf der Ringstraße behindern keine Flußläufe Zweiradfahrer, und auch bei kleinen Abstechern dürften flache Gewässer mit festem Untergrund kein Hindernis darstellen. Die Hochlandpisten mit ihren zahlreichen und tiefen Furten sind dagegen nur mit Cross- und Geländemaschinen zu bewältigen.

Wer mit einem Zweirad auf diese – nicht gerade bequeme Weise – Island kennenlernt, darf am Ende seiner Reise mit Recht stolz auf seine Leistung sein, war er doch ständig den Launen der Natur ausgesetzt und hat das Land – als Radfahrer – mit eigener Kraft »erfahren«.

Mit dem Bus

Eine bequeme und relativ preiswerte Art, auf Island herumzukommen, ist der Bus. Während man seinem Ziel entgegenfährt, kann man in Ruhe die Naturschönheiten betrachten, die Fahrkünste der Busfahrer bewundern oder isländische Mitreisende kennenlernen.

Der Bus ist für die Isländer ein unentbehrliches Verkehrsmittel, mit dem auch Postsendungen und kleine Lieferungen für abgelegene Siedlungen transportiert werden. Eisenbahnen gibt es auf der Insel nicht.

Die Fahrgäste setzen sich aus einem bunten Gemisch Einheimischer zusammen, die zum Einkaufen, zur Arbeit oder zu Verwandten unterwegs sind; dazwischen gepäckbeladene Touristen, denen man bereitwillig hilft, die gewünschte Auskunft gibt.

Die Hauptbusstrecke bildet die Ringstraße. Sie ist in die drei Tagesabschnitte Reykjavik – Höfn, Höfn – Akureyri und Akureyri – Reykjavik unterteilt. An diesen Orten kommt man abends an bzw. fährt morgens los, man muß in ihnen also auf jeden Fall übernachten, egal in welcher Richtung man die Straße entlangfährt. Ganz Eilige können auf diese Weise in drei Tagen Island mit dem Bus umrunden.

Im Sommer verkehrt zwischen Reykjavik und Akureyri täglich ein Bus, auf den übrigen Streckenabschnitten montags bis sonnabends.

Für 280,– DM erhält man einen Rundreisepaß (Hringmidi). Mit dieser Fahrkarte darf man die Ringstraße vier Wochen lang und mit beliebiger Fahrtunterbrechung in einer Richtung befahren.

Weitere Linienbusse fahren von Reykjavik in die Umgebung der Hauptstadt, auf die Halbinseln Reykjanes und Snaefellsnaes sowie nach Isafjördur. Von Akureyri gibt es Verbindungen zur Nordküste; von Egilstadir zu Orten an der Ostküste (s. Tabelle). Auf diesen Strecken fahren die Busse nur einmal wöchentlich. Deshalb muß der Reisende den drei Seiten »dicken« isländischen Busfahrplan aufmerksam studieren, will er nicht unversehens eine Extrawoche in einem abgelegenen Fischerdorf verbringen.

Ein Tip für erfahrene Wandersleute, die mit Hilfe des Busses eine Abkürzung nehmen wollen: Wer von Isafjördur kommt und weiter in Richtung Akureyri will, kann sich bei gutem Wetter im Hochland der Steingrimsfjardarheidi vom Bus absetzen lassen, von wo ein etwa 30 km langer Track nach Holmavik führt. Von dort fährt zweimal wöchentlich ein Bus in Richtung Reykjavik, der nach gut 100 km auf die Busroute Reykjavik – Akureyri trifft.

In der Regel sind die Überlandbusse robust gebaute, mit einer Funkeinrichtung ausgestattete Fahrzeuge. Auf manchen Strecken fährt sogar ein isländischer Reiseführer mit und erklärt die Sehenswürdigkeiten.

Die Haltestellen sind nicht extra gekennzeichnet.

In den Ortschaften befinden sie sich meist an bestimmten Hotels, Cafeterias oder Tankstellen mit Erfrischungsmöglichkeiten. Rastpausen werden bei längeren Fahrten in regelmäßigen Abständen gemacht. Einige Busfahrer sind mitunter durchaus bereit, kurze »Fotostops« einzulegen. Wir hatten einmal einen Busfahrer, der selbst gern jede Gelegenheit zu einem Foto nutzte.

Wer auf offener Landstraße vom Bus mitgenommen werden möchte, stellt sich an den Straßenrand und gibt Handzeichen. Sollte einmal ein Bus besetzt sein, wird per Funk ein weiterer bestellt. Auf der vielbefahrenen Strecke Reykjavik – Akureyri fährt im Sommer sogar vorsichtshalber gleich ein zweiter Bus mit.

Es kann vorkommen, daß zwei Buslinien in einem Ort nicht an der gleichen Stelle halten. Man sollte sich beim Busfahrer erkundigen, wo die Anschlußbusse abfahren. In Egilstadir z. B. hält der Bus Höfn – Egilstadir – Akureyri am Hotel Valaskjalf, der Bus nach Seydisfjördur jedoch am Flughafen und an der Raststätte beim Campingplatz.

Die Busse fahren pünktlich an ihrem Ausgangspunkt ab, die Ankunftszeiten dagegen stimmen bei längeren Strecken nicht immer mit dem Fahrplan überein. Schuld daran sind die Wetter- und Straßenverhältnisse.

Wenn man sich im Bus von den größeren Städten entfernt, an Lavafeldern, gletscherbedeckten Bergen und Steilküsten entlangfährt, braucht man schönes Wetter, um den Ausblick genießen zu können. Deshalb sollte man sich vor der Abreise nach dem Wetter auf der Strecke erkundigen. Auf der Fahrt von Reykjavik nach Isafjördur konnten wir z. B. kaum etwas von der Landschaft sehen. Starker Regen hatte die Piste aufgeweicht, Schlamm verschmierte die Busfenster. Zwar bemühte sich der

Reykjavik – wo früher grassodenbedeckte Hütten standen, findet man heute moderne Häuser der Fertigbauweise.

Anders als in Reykjavik wird in Akureyri gebaut: statt zahlreicher Hochhäuser sieht man hier witzige Holzhäuser in eigentümlichem Stil.

FÉLAGSMÁLASTOFNUN
AKUREYRAR

Busfahrer bei jeder Gelegenheit, die Scheiben zu säubern, doch schon wenige Minuten später waren sie erneut verdreckt.

Außer dem genannten Rundreisepaß gibt es noch den Omnibuspaß (Timamidi), der für eine, zwei, drei oder vier Wochen auf allen Linienbusstrecken gültig ist und 300,–, 400,–, 490,– oder 570,– DM kostet. Die einfache Fahrkarte Reykjavik – Akureyri (452 km) kostet z. B. ca. 80,– DM. Wer Besitzer des Rundreise- oder Omnibuspasses ist, erhält Ermäßigungen bei einigen Sondertouren, Campingplätzen, Fähren, in Jugendherbergen und Edda-Hotels.

Ein- und mehrtägige Sonderfahrten werden von Reykjavik, Akureyri, Kirkjubaerklaustur, Hvolsvöllur, Hella, Sellfoss und dem Mývatn-See angeboten.

Täglich fahren Busse von Reykjavik zum mächtigen Gullfoss-Wasserfall oder in die stille Weite des Thingvellir-Naturparks, wo vor fast tausend Jahren der isländische Staat gegründet wurde.

Wenn das Wetter es zuläßt, fährt ein Allrad-Bus ein- bis zweimal wöchentlich durch das Hochland nach Akureyri oder an den Mývatn-See; Fahrtdauer: 14 bis 16 Stunden. Die Pisten sind schlecht und ermöglichen nur langsames Fortkommen. Häufig machen Schnee und Gletschergeröll diese abenteuerliche Strecke monatelang unpassierbar. Aus diesem Grund dürfen Islandreisende nicht vor An-

Der Garten-Glaspavillon dient dem Isländer auch zum windgeschützten Sonnenbad.

Wer mit dem Rucksack über die unberührten Weiten Islands zieht, spürt etwas von der Mystik vergangener Saga-Zeiten.

fang Juli mit dem Tourenbeginn rechnen.

Einschließlich Mittagessen und ohne Ermäßigungen kostet eine solche Tour 180,– bzw. 146,– DM. Etwas preiswerter dagegen – Hin- und Rückfahrt 60,– DM – ist die Busfahrt von Hvolsvöllur in das Thorsmörk-Tal. Auch hier ächzt und schaukelt ein robuster Allrad-Bus über felsige Pisten und durch steinige Flußbetten. In den Furten sprudelt das Wasser durch die Türritzen, steigt höher und höher. Wer das das erste Mal erlebt, bekommt Angst um seinen Rucksack im Kofferraum und vielleicht um sich. Zur Beruhigung: Am Ende der Tour sind sowohl der Rucksack als auch der Reisende trocken geblieben. Auf einer solchen Tour ist man natürlich ständig »auf Achse« und wird kräftig durchgeschüttelt. Zugegeben, das ist vielleicht nicht jedermanns Sache, aber naturbegeisterte Leute, die einmal allen Komfort zuhause lassen wollen, werden an einer solchen Hochland-Durchquerung sicher eine Menge Spaß haben.

Die Touren werden z. T. aus Kombinationen regulärer Buslinien, z. T. mit Sonderbussen zusammengestellt. Im letzten Fall gibt es Mindest- und Höchstteilnehmerzahlen, rechtzeitige Anmeldung ist also sinnvoll.

Auskünfte und Fahrkarten für die Busreisen erhält man in Reykjavik und Akureyri in den BSI-Büros, in anderen Orten in Reisebüros und Touristik-Informationen. Der Busterminal am Rande Reykjaviks (BSI, Hringbraut, Tel. 2 23 00) ist Dreh- und Angelpunkt des isländischen Busverkehrs. Hier gibt es nicht nur Fahrkarten, Fahrpläne oder Reiseinformationen, sondern auch den Rundreise- und Omnibuspaß sowie Buchungsmöglichkeiten für Sonderreisen und eine Gepäckaufbewahrung. Ein Imbiß-Restaurant ist von 7.00 – 24.00 Uhr geöffnet. Als Besonderheit kann man in den BSI-Büros kombinierte Flug-Bus-Fahrkarten kaufen. Man fliegt z. B. mit einer Fokker-Friendship von Reykjavik nach Akureyri und fährt mit dem Bus – auch durch das Hochland – zurück. Weitere Kombinationsmöglichkeiten dieser Art gibt es von Reykjavik nach Isafjördur sowie von Egilstadir und Höfn.

Die Fahrpläne der Überlandbusse sind übrigens auch in den Postämtern erhältlich.

Zu guter Letzt: Außer den Überlandbussen verkehren in Reykjavik und Akureyri auch städtische Buslinien. Bei Fahrten mit diesen Omnibussen sollte man das abgezählte Fahrgeld bereithalten, der Fahrer hat nämlich kein Wechselgeld. Umsteiger lassen sich eine Fahrkarte geben, die beim Einstieg in den nächsten Bus in die Fahrgeldbox geworfen wird. Informationen über die Fahrzeiten bekommt man an den Haltestellen sowie in Reykjavik am Busbahnhof Hlemmur.

Mit dem Auto

Das Haupttransportmittel auf Island ist das Auto. Die Isländer selbst fahren ein buntes Gemisch aus amerikanischen, japanischen, west- und osteuropäischen Wagen. Sportautos sieht man nur selten, denn Wetter und Straßen verlangen robuste Fahrzeuge.

Vor dem Beginn einer Autoreise auf Island muß eine wichtige Entscheidung getroffen werden: Will man mit dem eigenen, einem geliehenen oder einem auf Island gemieteten Auto unterwegs sein? Dies ist eine Frage der Kosten und des Autotyps, denn die isländischen Straßen stellen außerordentlich hohe Anforderungen an ein Auto.

Für den Autotransport mit der Smyril-Linie von Hanstholm/Nordjütland aus sollte man sich rechtzeitig anmelden und eine Stunde vor der Abfahrt am Schiff sein.

Wer mit dem eigenen Wagen fährt, braucht einen internationalen Führerschein, eine internationale grüne Versicherungskarte und den Kfz-Schein. Der ADAC-Schutzbrief ist auch auf Island gültig.

Bei der Ankunft in Seydisfjördur ist für Dieselfahrzeuge eine Dieselsteuer pro angefangener Aufenthaltswoche und je nach Leergewicht des Fahrzeugs zu entrichten (Juli 1985: DM 50,– für ca. 2 to). Dadurch erhöhen sich die Kosten des vergleichsweise preiswerten Dieselkraftstoffs (1985: DM 0,90). Das Normalbenzin (1985: DM 2,15) hat 93 Oktan. Superbenzin ist auf Island nicht erhältlich.

Zwei Tips: Bis 200 Liter ist das Benzin im Autotank zollfrei. Der mitgebrachte Ersatzkanister muß leer sein, andernfalls wird er bei der Einreise ausgekippt.

Möglichkeiten zum Tanken findet man auf Island in der Regel immer. Zapfsäulen gibt es nicht nur in den Ortschaften, sondern auch auf vielen Gehöften. Bei Fahrten ins Hochland sollte jedoch ein ausreichender Benzinvorrat mitgenommen werden, denn der Verbrauch auf gebirgigen und geröllübersäten Strecken ist enorm hoch.

Einige Tankstellen bieten einen kostenlosen Sonderservice: Mit Schrubbern, an die Wasserschläuche gekoppelt sind, rückt man den verdreckten Karosserien zu Leibe.

In den größeren Orten können Autos gemietet werden, vom VW-Golf über Landrover und Campmobile bis zum Bus (s. Kasten). Dies ist zwar recht kostspielig, es ist aber auf jeden Fall billiger, sich Angebote schicken zu lassen und selbst einen Wagen zu bestellen, als über ein Reisebüro ein Flug-/Auto-Paket zu buchen. Die Vermieter stellen z. T. Ersatzkanister, Seile und Spaten zur Verfügung.

Auf Island herrscht Rechtsverkehr. Die Verkehrszeichen entsprechen weitgehend dem internationalen Standard. Die Geschwindigkeitsbegrenzungen betragen in Ortschaften 45 km/h und auf Landstraßen 70 km/h. Allerdings ermöglichen die schlechten Straßenverhältnisse auch kaum schnellere Geschwindigkeiten. Aus diesem Grund sollte man bei der Reiseplanung relativ kurze Tagesetappen einplanen.

Sicherheitsgurte sind für jeden Wagen vorgeschrieben. Wer sich mit mehr als 0,5 ‰ Alkohol im Blut am Steuer erwischen läßt, muß mit strenger Bestrafung rechnen.

Die Straßen in und um Reykjavik sind ebenso wie in einigen anderen Ortschaften asphaltiert, ansonsten gibt es auf der ganzen Insel nur Schotterstraßen, und das hat seinen Grund: Asphalt würde durch die Winterwitterung und die ungestümen Schmelzwasserflüsse im Frühjahr immer wieder zerstört werden.

Trotzdem muß man – auch auf den Hauptstraßen – mit Schlaglöchern, unterspülten Fahrbahnen und weggerissenen Brücken rechnen.

Nach einigen Tagen Trockenheit bildet sich auf den Schotterstraßen schnell Staub. Wenn man dann in einer Staubfahne hinter einem anderen Wagen fährt, ist es sinnvoll, auch tagsüber das Abblendlicht einzuschalten, um vom entgegenkommenden Verkehr gesehen zu werden.

Straßen und Pisten sind ein beliebter Aufenthaltsort von Schafen, Rindern und Pferden. Besonders bei Schafen ist Vorsicht geboten: Unvermittelt können aufgeschreckte Lämmer über die Straße zu den Muttertieren laufen. Ab und zu schießen die isländischen Hunde aus den Gehöfteinfahrten hervor und rennen bellend neben dem Auto her. Man sollte sich von ihnen nicht beirren lassen, es ist schon so mancher Autofahrer beim Ausweichen von der Straße abgekommen!

Die Ringstraße ist durchaus mit einem normalen Mittelklassewagen befahrbar, allerdings sollte er nach Möglichkeit einen zusätzlichen Ölwannenschutz haben. Gitter vor den Scheinwerfern schützen vor Steinschlag.

Viele Gegenden Islands sowie das Hochland sind noch so wild und rauh, daß man in ihnen ohne ein allradgetriebenes Auto gar nicht vorankommt.

Nach einem strengen Winter dauert es eventuell bis Anfang Juli, ehe die Hochlandtracks wieder befahrbar sind. Folglich muß man sich in Geduld fassen und die Freigabe der Straßen abwarten. Aus-

Nur geländegängige Fahrzeuge wie Jeeps mit Allradantrieb kommen durch das unwegsame Landesinnere.

Ein normaler Pkw sollte niemals die sogenannte ›Rundstraße‹ verlassen.

künfte über den Straßenzustand erteilen das Straßenbauamt (Vegagerd rikisins, Borgartun 5 – 7, Reykjavik, Tel. 2 10 00) und der isländische Automobilklub (Felag Islenzkra Bifreidaeigenda, FIBS, Eiriksgata 5, Reykjavik).

Für alle Autofahrer auf Island gilt: Nie die Straßen und Pisten verlassen. Das Abweichen von markierten Wegen ist gefährlich und zerstört die Natur. Die Spuren dieser Zerstörungen sind oft noch nach Jahrzehnten zu sehen.

Zur Grundausrüstung jedes Autoreisenden sollten Ersatzreifen und -schläuche, ein zweiter Keilriemen, ein Ersatzkanister, eine Kunststoffwindschutzscheibe (Folie), eine stabile Schaufel (kein Klappspaten) und ein ebensolcher Wagenheber gehören. Das Abschleppseil sollte eine Länge von mindestens 20 m haben, damit der Wagen auch aus einem Fluß gezogen werden kann.

Bei Hochlanddurchquerungen sind Sandbleche und ein Verlängerungsrohr für den Auspuff sinnvoll.

Vor einer Flußdurchquerung sollte erst die geeignetste Furt gesucht werden. Hohe Wattstiefel verhindern dabei nasse Füße. Da das Furten von Flüssen für den Mitteleuropäer ungewohnt ist, sollte äußerste Vorsicht geboten sein. Wenn der Wasserstand und die Beschaffenheit des Flußbettes es zulassen, fährt man langsam – im ersten Gang – durch den Fluß. Nur so haben die Räder sicheren Halt.

Im Hochland kann es leicht passieren, daß der Wagen in einem Fluß steckenbleibt; daher sollte man derartige Touren nur mit zwei Fahrzeugen unternehmen.

Autopannen passieren meist nicht direkt neben einer Kfz-Werkstatt. Auf Island kann es deshalb für den Autofahrer wichtig sein, kleine Reparaturen selbst ausführen zu können. In den größeren Orten gibt es zwar Werkstätten, da aber Ersatzteile für einen bestimmten Autotyp nur schwer aufzutreiben sind, müssen die Angestellten über ein gewisses Improvisationstalent verfügen. Mechaniker können auch per Funk herbeigeholt werden, dies ist aber recht kostspielig.

Wer sich gegen Autopannen vorher versichert, sollte nicht vergessen, auch das Kleingedruckte aufmerksam zu lesen. Manchmal beschränkt sich die Versicherungspflicht nämlich nur auf »befestigte Wege«, und die zu definieren, ist auf Island etwas schwierig.

Auf jeden Fall kann sich der Autofahrer auf Island auf die Hilfsbereitschaft anderer Kraftfahrer verlassen. Ohne diese landesübliche Selbstverständlichkeit würde dort so manches Fahrzeug noch heute im Straßengraben liegen.

Autovermietungen

AG. Bilaleiga, Tangarhöfda 8 – 12, 110 Reykjavik, Tel. (91) 8 55 04

Bilaleiga Loftleida, Reykjavikurflugvelli, 101 Reykjavik, Tel. (91) 2 11 90

Bilaleigan ALP. Hladbrekku 2, 200 Kopavogur, Tel. (91) 4 28 37

Bilaleigan Afangi, Skeifan 5, 108 Reykjavik, Tel. (91) 3 72 26. 8 54 50

Bilaleigan B & J. Skeifan 17. 108 Reykjavik, Tel. (91) 8 13 90, 8 13 97

Bilaleigan hf., Smidjuvegi 44 d, 200 Kopavogur, Tel. (91) 7 54 00, 7 86 60

Inter Rent, Skeifan 9, 108 Reykjavik, Tel. (91) 8 69 15. 3 16 15

Inter Rent, Tryggvabraut 14, 600 Akureyri, Tel. (96) 2 17 15. 2 35 15

S. H. Bilaleiga, Nybylavegi 32, 200 Kopavogur, Tel. (91) 4 54 77

Vik Bilaleiga, Grensasvegi 11, 108 Reykjavik, Tel. (91) 3 76 88

Bilaleigan Geysir, Borgartuni 24, 105 Reykjavik, Tel. (91) 1 10 15

Vik Bilaleiga, Nesvegi 5, Sudavik, Tel. (94) 69 72

Bilaleiga Husavikur, Hotel Reynihlid (Myvatn), Tel. 4 41 70

United Bus Cenral, Skeifan 8, 108 Reykjavik, Tel. (91) 8 26 25, 8 13 45

(12 – 60sitzige Busse)

Mit dem Flugzeug

Wer sich Island mit dem Flugzeug nähert und bei gutem Wetter den herrlichen Blick über Gletscher und Lavafelder genießen kann, der wird vielleicht Geschmack an einem weiteren Blick aus der Luft bekommen. In jedem Fall ist der Anblick der isländischen Naturschönheiten aus der Luft ein beeindruckendes Erlebnis, allerdings auch ein nicht allzu billiges. Dennoch erwähnen wir diese Art des Fortbewegens, weil wir sie denen, die ein paar Mark übrig haben, nicht vorenthalten wollen.

Vom Flughafen Reykjavik fliegen zwischen dreimal wöchentlich und fünfmal täglich Linienmaschinen nach/von Akureyri, Isafjördur, Saudakrokur, Husavik, Egilstadir, Neskaupstadur, Höfn, Fagurholsmyri, zu den Westmänner-Inseln und zum Patreksfjördur.

Von/nach Akurėyri gibt es folgende Verbindungen: Vopnafjördur, Raufarhöfn, Thorshöfn, Kopasker, Grimsey, Seydisfjördur/Egilstadir, Isafjördur und Siglufjördur.

Während der Sommerzeit veranstalten mehrere kleine Fluggesellschaften Rundflüge oder Tagesausflüge, z. B. von Reykjavik zu den Westmänner-Inseln oder von Isafjördur zu den Westfjorden.

Von Reykjavik aus kann man für ca. 700,– DM einen Ausflug nach Grönland machen. Ob ein paar Stunden Aufenthalt dort aber wirklich dem Kennenlernen von Land und Leuten dienen, ist anzuzweifeln.

Nähere Informationen zu allen Flügen sind an den Flughäfen sowie bei den örtlichen Reisebüros und Touristeninformationen zu erhalten.

Mit dem Schiff

Land ist zwischen wabernden Nebelschwaden zu erkennen, braun zerklüftete Kraterkegel, weiß schimmernde Gletscher, grüne Wiesen. Darüber ein grauer Wolkenhimmel, regenschwer und sturmzerblasen. Es ist bitterkalt. Gischtwasser benetzt das Gesicht.

Island vom Schiff aus – das ist neben Flugzeug und Auto fast eine dritte Dimension, aus der man das Land kennenlernen kann. Erst vom Schiff aus wird einem richtig bewußt, daß Island eine Insel ist, vom Nordmeer umgeben und ihm ständig ausgesetzt, voller Fjorde, Klippen und Steilküsten. An Bord eines kleinen Schiffes spürt man die See und den ständigen Wind, hat einen weiten Blick die Küste entlang auf Inseln, Gletscher und Vulkane, fühlt sich den Ursprüngen der Natur näher.

Zwischen Reykjavik und Akranes fährt drei- bis viermal täglich die »Akraborg«. Die Fahrzeit beträgt eine Stunde. PKWs können mitgenommen werden. (Auskünfte: Tryggvagata 8, Reykjavik, Tel. 1 65 05 und Skàlabraut 22, Akranes, Tel. 93 22 75).

Von Stykkisholmur auf der Halbinsel Snaefellsnaes fährt die »Baldur« mehrmals in der Woche nach Brjanslaekur – quer durch die Inselwelt des Breidafjördur. Der Breidafjördur gilt als eine der landschaftlich reizvollsten Gegenden Islands: unzählige kleine Inseln, umrahmt vom Snaefellsjökull im Süden und den Steilküsten der Nordwest-Halbinsel im Norden. Auf der Insel Flatey macht die »Baldur« während der Überfahrt einen kurzen Zwischenstop. Eine günstige Gelegenheit für einen Tagesausflug: Das Auto stellt man in Stykkisholmur ab, fährt bis Flatey und läßt sich auf der Rückfahrt des Schiffes nach vier Stunden wieder mitnehmen. Wer länger auf Flatey bleiben möchte, sollte ein Zelt und Verpflegung mitnehmen, denn auf der nur von wenigen Menschen bewohnten Insel gibt es weder ein Hotel noch Einkaufsmöglichkeiten, dafür aber viel Ruhe und unberührte Natur.

Rucksackreisende haben die Möglichkeit, von der Fährstation Brjanslaekur ca. sechs Kilometer die Küstenstraße entlang nach Flokalundur zu wandern, wo der Bus Reykjavik – Isafjördur hält. (Auskunft: MS »Baldur«, Stykkisholmur, Tel. 93 – 81 20; Ragnar Gudmundsson, Brjanslaekkur; Skipautgerd rikisins, Reykjavik, Hafnarhusid, Tel. 2 88 22).

Wen es zu den einsamsten Küsten Islands zieht, der sollte nach Isafjördur fahren; von dort gibt es Schiffstouren zum Jökulfirdir, nach Grunnavik und Hornstadir. Viermal pro Woche tuckert die »Fagranes« durch die Stille des Isafjardardjup und versorgt die dortigen kleinen Siedlungen. Für die wenigen Bauernhöfe ist das Motorschiff im Winter die einzige Verbindung mit der Außenwelt. (Auskunft: Isafjördur Tourist Bureau, Hafnarstraeti, Isafjördur.)

An der Nordküste verkehren Ausflugsboote und Fährschiffe von Saudarkrokur zur Insel Drangey und von Akureyri zu den Siedlungen am Eyafjördur und nach Grimsey. (Auskunft: Postbaturinn Drangur, Skipgata 13, Akureyri, Tel. 1 10 88.)

Das vielbenutzte Fährschiff »Herjolfur« fährt im Süden Islands von Thorlakshöfn zu den Westmännerinseln. Pünktlich 1½ Stunden vor dem Ablegen des Schiffes bringt ein Bus Passagiere von Reykjavik zum Fährhafen. Die »Herjolfur« benötigt rund drei Stunden für die tägliche Fahrt von und zu den Inseln und nimmt auch Fahrzeuge mit (Reservierungen: Reykjavik, Tel. 917-86464; Westmännerinseln, Tel. 98-1792, 98-1433).

Bei ruhiger See erkennt man die Wasserlinie, an der sich das sandbraune Süßwasser der mächtigen Gletscherflüsse Südislands mit dem blaugrünen Nordmeerwasser vermischt. Während die Inseln am Horizont mehr und mehr Gestalt annehmen, gleitet an Backbord die Küste vorbei, von Eyafjalla- und Myrdalsjökull überragt.

Um zur Hafeneinfahrt von Heimaey zu gelangen, muß das Schiff die Insel ein Stück umrunden. Aufgeregte Vogelschwärme, die ihre Klippennester in Gefahr glauben, umkreisen das Schiff.

Gleichwohl ist eine Überfahrt nicht nur bei schönem Wetter ein unvergeßliches Erlebnis. Bei Sturm, Regen und heftigem Seegang fühlt man sich dem Nordmeer ausgesetzt, bekommt einen Eindruck von den Bedingungen, unter denen die Fischer tagein, tagaus ihren Lebensunterhalt verdienen.

Wer leicht zu Seekrankheit neigt, bleibt bei stürmischer Überfahrt besser an Deck und riskiert ein paar Gischtspritzer. In dem warmen Aufenthaltsraum unter Deck ist nämlich häufig die Luft vom Zigarrenqualm kartenspielender Seebären verräuchert.

Neben den genannten Fähren gibt es die Möglichkeit, mit Frachtschiffen der staatlichen Reederei Skipautgerd rikisins die Küste entlangzufahren. Diese Schiffe können aber nur eine beschränkte Anzahl von Personen mitnehmen. (Auskunft: Hafnarhusid, Reykjavik, Tel. 2 88 22.)

Mit dem Boot

Wer sich mit einem Faltboot, Kajak oder ähnlichem Gefährt auf die isländischen Flüsse wagen möchte, sollte dieses erst nach sorgfältiger Planung tun, wohl wissend, welch ein Risiko er eingeht.

In dem geologisch relativ jungen Island haben die Flüsse noch keine Zeit gehabt, ihr Gefälle auszugleichen und sich ein ruhiges Bett zu graben. In der Regel führen sie sehr viel Wasser und bilden an zahlreichen Stellen Stromschnellen, Katarakte und Wasserfälle. Für einen Anfänger sind diese Wildwasser nicht zu meistern. Nur wer die nötige Erfahrung hat, sich entsprechend vorbereitet und ausrüstet, kann sich im Boot durch die unberührte Urlandschaft gleiten lassen, das Land aus Eis und Wasser hautnah spüren, auf den Flüssen unvergeßliche Tage verbringen.

Die Entscheidung, ob man ein Falt-, Polyester- oder Schlauchboot mit auf die Reise nimmt, hängt von den Gewohnheiten des einzelnen und seinen

Am Myvatn-See (Mückensee) nisten tausende von Wasservögeln.

Mit Getöse stürzen am Godafoss gischtende Wassermassen in die Tiefe.

Schwimmende Eisberge bilden das Terrain einer bizarren Szenerie.

Transportmöglichkeiten ab. Ein Faltboot bietet den größten Stauraum und ist am einfachsten zu transportieren. Dies ist besonders für den Rucksackwanderer entscheidend.

Wird das Boot als Fracht nach Island vorausgeschickt, sollte man an die Zollkaution denken, die einige hundert Mark betragen kann. Es ist empfehlenswert, auf dem Frachtbrief »Persönliche Ausrüstung zum Flußwandern« und nicht »Faltboot« zu vermerken. Auf diese Weise kann die kostspielige Kaution unter Umständen umgangen werden.

Wenn ein Boot zu Bruch geht, muß der Schaden erst bewiesen werden, ehe die Kaution zurückgezahlt wird. Wenn möglich, sollte man die Trümmer zur nächsten Polizeistation bringen und sich den Verlust des Bootes schriftlich bestätigen lassen.

Für beschauliche Paddeltouren gibt es Boote auch auf Island zu mieten: am Mývatn (Eldá, Reykjahlid, Tel. 4 42 20) und am Thingvallavatn (Hotel Valhöll).

Zur selbstverständlichen Ausrüstung eines Flußfahrers gehören Schwimmwesten, Schutzhelme, Auftriebskörper sowie Rettungsleinen und Halteschlaufen am Boot. Als Schutz vor Unterkühlung in eiskaltem Wasser ist ein Taucher- bzw. Trockenanzug angebracht. Auch der beste Kanute muß jederzeit damit rechnen, in wildem Wasser zu kentern. Man sollte deshalb nie allein fahren, damit im Notfall in diesen einsamen Gegenden sofort Hilfe in der Nähe ist.

Aufgrund ihrer starken Wasserführung können die Flüsse rasch ihren Lauf ändern und das Flußbett verschieben. Aufmerksam sollte auf jede Veränderung der Strömungsgeschwindigkeiten und auf Anzeichen für Stromschnellen oder Katarakte geachtet werden. Dem vorhandenen Kartenmaterial sollte man nur bedingt Vertrauen schenken. Es ist besser, rechtzeitig das Ufer anzufahren und gefährliche Passagen zu Fuß zu umgehen, denn wenn das Rauschen von Katarakten oder sogar Wasserfällen schon deutlich zu hören ist, dann ist es bei der Breite der isländischen Flüsse manchmal nicht mehr möglich, das rettende Ufer zu erreichen.

Auf Gletscherseen ist die Verlockung groß, in die faszinierende Eiswelt hineinzupaddeln. Doch vom kalbenden Gletscher können sich urplötzlich Eisblöcke lösen und den Paddler in äußerste Gefahr bringen.

Es ist schwierig, detaillierte Hinweise auf befahrbare Flüsse zu geben, weil diese Art Sport auf Island vollkommen unbekannt ist. Die Flüsse im Südosten des Landes sind wegen ihrer relativ langen und ruhigen Strecken generell zu empfehlen. Die Flußläufe im Norden dagegen, wie z. B. der Jökulsá á Fjöllum, sind nur unter extremen Bedingungen zu befahren.

Entscheidend ist, daß bei Flußbefahrungen das Erkennen eigener Leistungsgrenzen sehr viel Zeit erfordert. Selbstüberschätzung und blindes Draufgängertum sind sowohl auf wilden Flüssen als auch bei ruhigerem Paddeln auf einem See völlig fehl am Platz.

Nur wer seine eigenen Stärken und Schwächen und die seines Bootes kennt, sollte die Herausforderung eines Bootstrips auf Island wagen. Er wird die Kraft und die Launen der Flüsse spüren, den Elementen hautnah verbunden sein. Vom Fluß aus zeigt sich Island aus einer besonderen Perspektive, ermöglicht dem Reisenden ein intensives Erleben seiner Natur.

Unterkunft

Um die isländische Natur möglichst hautnah zu erleben, unabhängig zu sein, sich niederlassen zu können, wo und wann man will und dazu noch möglichst billig zu reisen, benötigt man ein Zelt. Deshalb ist unter Islandreisenden das Zelt die am weitesten verbreitete Unterkunft. Island ist eines der wenigen Länder Europas, in denen das Zelten noch überall erlaubt ist. Einzige Ausnahme: die Nationalparks. In der Nähe von Gehöften und Ansiedlungen sollte man die Bewohner um Erlaubnis fragen.

Wasser wird man beim Zelten fast überall finden, und auf Island ist es auch (noch) trinkbar. Auf Lagerfeueridylle wird der Camper jedoch verzichten müssen. Bäume und Buschwerk brauchen Jahrzehnte, um vielleicht einen Meter hoch zu wachsen, sie sind deshalb nicht zum Feuermachen gedacht. Romantische Stimmung kommt aber garantiert auch ohne funkensprühendes Feuer auf.

Island verfügt über ca. 60 Campingplätze (Tjaldsvaedi). Allerdings entsprechen sie nicht den mitteleuropäischen Standards. In der Regel bestehen sie aus einer Wiese mit Toilettenhäuschen und offenen Waschgelegenheiten; Duschen sind selten.

Die Angaben »shop«, »accomodation« und »swimmingpool« in der beigefügten Tabelle beziehen sich auf das Angebot in nahegelegenen Ortschaften. Besonders bei den abseits der Ringstraße gelegenen Campingplätzen, sowie denen, die mit dem Bus zu erreichen sind, z. B. im Thorsmörk-Tal, sollte man einen Lebensmittelvorrat bei sich haben, da oftmals keine Einkaufsmöglichkeiten vorhanden sind.

Im allgemeinen sind die Plätze von Juni bis September geöffnet. Die Zeltplatzpreise schwanken je nach Ausstattung; auf dem Luxus-Campingplatz Skaftafjell z. B. liegt der Übernachtungspreis für ein Zelt und zwei Personen bei ca. 8,– DM, in Egilstadir ist es kostenlos. Ein Verzeichnis mit genauen Angaben erhält man beim Iceland Tourist Board.

Ebenfalls über das ganze Land verteilt sind 14 Jugendherbergen mit Selbstkocherküchen. Allerdings sind nur wenige dieser Häuser – die meist von Juni bis September geöffnet sind – mit dem Bus zu erreichen.

Detaillierte Informationen mit Lageplänen der Jugendherbergen enthält das Verzeichnis des Bandalag Islenskra Farfugla (Icelandic Youth Hostel Association), PO Box 1045, Laufasvegur 41, Reykjavik, welches unter dieser Adresse oder beim Deutschen Jugendherbergswerk (Postfach 220, Bülowstr. 26, 4930 Detmold) zu erhalten ist.

Da die Kapazität der Jugendherbergen sehr begrenzt ist, kann es leicht passieren, daß man vor einem vollen Haus steht. Ein freundlicher Herbergsvater wird dann vermutlich für ein Ausweichquartier sorgen, doch das ist reine Glückssache! Wir haben in der Hauptsaison auch schon einmal vor einer Jugendherberge gestanden, die aus unerklärlichen Gründen für ein paar Tage geschlossen hatte. Ein Zelt im Gepäck bewahrt vor derartigen Überraschungen.

Sogenannte »Schlafsackunterkünfte« sind fast das ganze Jahr über geöffnet. Sie sind für Reisende mit eigenem Schlafsack in Privathäusern, Schulen und Hotels eingerichtet. Weil es sich bei diesen »Matratzenlagern« sowohl um Zweibettzimmer als auch um Klassenräume handeln kann, schwanken ihre Preise stark. Kochgelegenheiten gibt es in ihnen nur in Ausnahmefällen. Schlafsackunterkünfte dieser Art werden auch von einigen »Edda«-Hotels angeboten. Sie sind im Jugendherbergsverzeichnis aufgeführt.

Die relativ preisgünstigen 15 »Edda«-Hotels sind Internatsschulen, die während der viermonatigen Sommerferien zu Hotels umgebaut werden. Vielfach werden sogar warme Mahlzeiten serviert.

Hotels und »Edda«-Hotels sind in der nebenstehenden (nicht vollständigen) Liste aufgeführt.

Im Inland werden vom Isländischen Wanderverein (Ferdafelags Islands) einige Schutzhütten unterhalten, die mit Heiz-, Koch- und Schlafgelegenheiten ausgestattet sind. Ein eigener Schlafsack und Proviant sind jedoch mitzubringen.

Wer eine Hütte als erster erreicht, erhält den noch freien Schlafplatz. Einzelwanderer und Gruppen, die dem Wanderverein angehören, haben allerdings Vorrang. Für die Benutzung der Hütten – sie sollte nicht länger als zwei bis drei Nächte dauern – wird an Ort und Stelle das Geld in einem Kasten hinterlassen oder man bestellt und bezahlt in Reykjavik, Akureyri oder Egilstadir im voraus.

Die überall auf Island anzutreffenden Rettungshütten – mit Proviant und Medikamenten – dürfen nur im Notfall benutzt werden.

Möchte jemand in einem leerstehenden Gehöft übernachten, sollte er vorher den Eigentümer/Nachbarn um Erlaubnis bitten.

Auf Island gibt es für Reisende auch Unterkünfte auf Bauernhöfen, in Privatzimmern und Pensionen; ihre Preise liegen jedoch nicht allzu weit unter denen der Hotels.

Einige spezielle Übernachtungshinweise für Orte, die von vielen Islandreisenden besucht werden:

REYKJAVIK: Der Campingplatz liegt bei den Sportanlagen am Sundlaugavegur. Wer am Flughafen in Reykjavik ankommt, fährt am besten mit dem Stadtbus bis zur Laekjargata im Stadtzentrum und steigt dort in die Buslinie Nr. 5 um. Die große Tribüne des Schwimmbades neben dem Campingplatz erkennt man sofort. Wer am Busterminal (BSI) ankommt, kann entweder zwei Stationen mit dem Stadtbus (Haltestelle gegenüber dem BSI) bis zur Laekjargata fahren, oder das Stück am See Tjörnin entlang gehen.

Die Jugendherberge liegt nahe dem Stadtzentrum im Laufasvegur 41 und hat 70 Betten. Sie ist vom 15. 1. bis 15. 12. geöffnet. Vom Busbahnhof ist sie rund 500 Meter entfernt.

Eine im Vergleich zu den Hotels recht preiswerte Unterkunft ist das Hotel der Heilsarmee, Kirjustraeti 2, direkt im Stadtzentrum.

Viele Flüge gehen von Keflavik bereits am frühen Morgen ab, so daß Reisende ihren Zubringerbus am Flughafen Reykjavik z. B. bereits um 4.00 Uhr morgens erreichen müssen. Denen sei ein Taxi empfohlen, das für die Fahrt vom Campingplatz zum Flughafen ca. 12,– DM kostet. Die Campingplatzbetreuer werden das Taxi gern am Vortag bestellen, und es wird pünktlich zur Stelle sein.

AKUREYRI: Der Campingplatz ist vom 7. 6. bis zum 30. 8. geöffnet. Er liegt an der Thorunnastraeti etwa 15 Minuten Fußweg vom Stadtzentrum entfernt (Gilsbakkenvegur und Thingvallastraeti entlang). Die Jugendherberge, Storholt 1, ist zu Fuß in etwa einer halben Stunde entlang der Glerargata und Hargarbraut zu erreichen. Sie ist mit 60 Betten ausgestattet und während des ganzen Jahres geöffnet. Zwischen Flughafen und Stadtzentrum verkehren Busse.

SEYDISFJÖRDUR: Der Campingplatz liegt direkt neben der Fischfabrik. Er ist vom 1. 6. bis zum 20. 9. geöffnet. An anderen Stellen und in der Nähe des Ortes darf nicht gezeltet werden. Die Jugendherberge liegt 500 Meter vom Hafen entfernt, hat 36 Betten und ist vom 1. 6. bis zum 15. 9. geöffnet.

HÖFN: Der einfache Campingplatz befindet sich am Ortsrand an der Einfallstraße. Die Jugendherberge liegt, gut ausgeschildert, rund 500 Meter von der Hauptstraße entfernt am Ortsrand hinter den Esso-Tanks. Sie hat 30 Betten und ist vom 25. 5. bis zum 15. 9. geöffnet.

ISAFJÖRDUR: Der Campingplatz liegt vier Kilometer vor dem Ort und ist vom 15. 6. bis zum 30. 8. geöffnet. Wer mit dem Bus nach Isafjördur kommt, kann sich dort absetzen lassen. Die Jugendherberge hat 42 Betten, ist das ganze Jahr hindurch geöffnet und liegt direkt in der Stadt auf dem Zugang zu der Halbinsel in der Managata.

Hotels und Edda-Hotels

REYKJAVÍK:		Einzelzimmer ab	Doppelzimmer ab	Frühstück ab
Hotel BORG, Posthússtræti 11	US$	34.00	59.00	5.50
Hotel CITY, Ranargata 4a	US$	42.00	61.00	6.50
Hotel ESJA, Sudurlandsbraut 2	US$	44.00	79.00	5.75
Hotel GARDUR, v/Hringbraut*	US$	32.00	45.00	5.00
Hotel HOF, Raudararstigur 18	US$	40.00	58.00	5.50
Hotel HOLT, Bergstadastræti 37	US$	45.00	65.00	6.50
Hotel LOFTLEIDIR, Reykjavik Airport	US$	44.00	79.00	5.75
Hotel SAGA, v/Hagatorg	US$	37.00	80.00	5.75
HEILSARMEE, Kirkjustræti 2	US$	17.00	23.00	5.00
SÜD ISLAND:				
Hotel VALHÖLL, Thingvellir*	US$	36.00	41.00	6.50
Hotel THÓRISTUN, Selfoss	US$	27.00	37.00	6.50
Hotel EDDA, Laugarvatn*	US$	26.00	34.00	6.50
Hotel NEW EDDA, Laugarvatn*	US$	36.00	41.00	6.50
Hotel Motel FLUDIR, Flúdir	US$	26.00	34.00	6.50
Pension MOSFELL, Hella	US$	24.00	32.00	5.50
Hotel HVOLSVÖLLUR, Hvolsvollur	US$	31.00	40.00	7.00
Hotel EDDA, Skogar*	US$	26.00	34.00	6.50
Pension, Vik i Myrdalur	US$	23.00	31.00	6.50
Hotel EDDA, Kirkjubæjarklaustur	US$	26.00	34.00	6.50
Pension HEIMIR, Westman Islands	US$	25.00	33.00	6.00
Hotel GESTGJAFINN, Westman Islands	US$	45.00	55.00	6.50
WEST ISLAND:				
Hotel AKRANES, Akranes	US$	26.00	34.00	6.50
Hotel BORGARNES, Borgarnes	US$	26.00	34.00	6.50
Hotel EDDA, Reykholt*	US$	26.00	34.00	6.50
Hotel BÚDIR, Búðir, Snæfellsnes*	US$	26.00	34.00	6.50
Pension NES, Ólafsvík	US$	29.00	38.00	6.50
Hotel STYKKISHÓLMUR, Stykkishólmur	US$	43.00	53.00	5.00
Hotel LAUGAR, Sælingsdalur*	US$	26.00	34.00	6.50
Hotel EDDA, Bjarkarlundur, Króksfjördur	US$	26.00	34.00	6.50
Hotel EDDA, Flókalundur, Vatnsfjördur*	US$	36.00	41.00	6.50
Hotel HAMRABÆR, Isafjordur	US$	25.00	30.00	6.00
Hotel ÍSAFJORDUR, Ísafjordur	US$	25.00	38.00	5.50
Pension HOFN, Thingeyri, Patreksfj.	US$	20.00	29.00	5.00
NORD ISLAND:				
Hotel EDDA, Reykir Hrútafjördur	US$	26.00	34.00	6.50
Hotel BLÖNDUÓS, Blönduos	US$	26.00	34.00	6.50
Hotel EDDA, Húnavellir, Svinadalur	US$	26.00	34.00	6.50
Hotel VARMAHLÍD, Skagafjordur	US$	26.00	34.00	6.50
Hotel MÆLIFELL, Saudarkrókur	US$	25.00	34.00	6.50
Hotel HÖFN, Siglufjördur	US$	26.00	32.00	5.50
Hotel ÓLAFSFJORDUR, Ólafsfjördur	US$	36.00	41.00	6.50
Pension VÍKURROST, Dalvik	US$	27.00	37.00	6.50
Hotel AKUREYRI, Akureyri	US$	30.00	41.00	5.50
Hotel KEA, Akureyri	US$	29.00	41.00	6.00
Hotel VARDBORG, Akureyri	US$	30.00	40.00	6.50
Hotel EDDA, Akureyri*	US$	26.00	34.00	6.50
Hotel EDDA, Stóru Tjarnir, Ljosavatn	US$	26.00	34.00	6.50
Hotel LAUGAR, Laugar, S. Thing.	US$	26.00	34.00	6.50
Hotel HUSAVÍK, Húsavik	US$	29.00	42.00	5.50
Hotel REYKJAHLÍD, Myvatn	US$	26.00	34.00	6.50
Hotel REYNIHLÍD, Myvatn	US$	24.50	38.00	4.80
Hotel NORDURLJÓS, Raufarhofn	US$	26.00	34.00	6.50
OST ISLAND:				
Pension TANGI, Vopnafjordur	US$	26.00	34.00	6.50
Hotel VALASKJALF, Egilsstadir	US$	27.00	36.00	6.50
Hotel EGILSSTADIR, Egilsstadir	US$	26.00	34.00	6.50
Hotel EDDA, Eidar*	US$	26.00	34.00	6.50
Hotel EDDA, Hallormsstadur*	US$	26.00	34.00	6.50
Hotel EDDA, Stadarborg, Breiddalur*	US$	26.00	34.00	6.50
Hotel BLAFELL, Breiddalsvik	US$	24.00	32.00	6.00
Pension FRAMTID, Djupivogur	US$	26.00	34.00	6.50
Hotel EDDA, Nesjaskoli, Hornafjordur*	US$	26.00	34.00	6.50
Hotel HÖFN, Hofn, Hornafjordur	US$	29.00	42.00	5.50

* Nur während der Sommermonate geöffnet

Zeltplätze auf Island (aus: Around Iceland 1984)

	primitive closet	water from stream	water closet	water piped in	shower	swimmingpool	sleepingbag acc.	road side shop
Reykjavík			x	x	x	x	x	x
The South West:								
Geysir			x	x		x	x	x
Laugarvatn	x		x	x	x	x	x	x
Selfoss			x	x		x	x	x
Þingvellir	x	x	x	x				x
Vestmannaeyjar			x	x	x	x	x	x
The West:								
Akranes			x	x	x	x	x	x
Borgarnes			x	x	x	x		x
Húsafell		x	x	x	x	x	x	x
Hreðavatn	x		x	x			x	x
Búðir	x		x	x	x			
Grundarfjörður			x	x	x	x	x	x
Stykkishólmur			x	x	x	x	x	x
Búðardalur			x	x		x		x
Laugar í Sælingsdal			x	x	x	x	x	
Staðarskáli			x	x				x
The Western Fjords:								
Vatnsfjörður	x	x						
Ísafjörður			x	x	x	x	x	x
North West:								
Stóra Giljá		x					x	x
Blönduós			x	x	x	x	x	x
Varmahlíð			x	x	x	x	x	x
Sauðárkrókur			x	x	x	x		x
Fljót			x	x				x
Ólafsfjörður			x	x	x	x	x	x
Akureyri			x	x		x	x	x
The North East:								
Vaglaskógur	x		x	x				x
Laugar	x		x	x	x	x	x	x
Húsavík			x	x	x	x	x	x
Reykjahlíð			x	x		x		x
Skútustaðir			x	x	x	x	x	x
Jökulsárgljúfur:								
a) Ásbyrgi	x			x				x
b) Vesturdalur	x			x				
Þórshöfn	x		x	x	x	x	x	x
The East:								
Egilsstaðir			x	x		x		x
Hallormsstaður		x	x	x			x	x
Seyðisfjörður	x	x		x	x	x	x	x
Neskaupstaður	x	x		x		x	x	x
Reyðarfjörður		x	x	x	x	x		x
Stöðvafjörður	x			x				x
Breiðdalsvík			x	x				x
Berunes			x	x			x	
Djúpivogur			x	x			x	x
Þórisdalur í Lóni	x			x				
Höfn í Hornafirði			x	x		x		x
The South:								
Skaftafell			x	x	x			x
Kirkjubæjarklaustur	x	x			x	x	x	x
Hrífunes			x	x				x
Vík í Mýrdal	x		x	x			x	x
Skógar	x	x	x	x		x	x	
Þórsmörk								
a) Langidalur	x		x	x	x		x	x
b) Básar	x	x						
Hella	x		x	x			x	x
Þjórsárdalur	x	x	x					x
The Interior:								
Herðubreiðarlindir	x	x	x	x			x	
Hvannalindir	x	x						
Hveravellir	x			x			x	
Landmannalaugar	x	x	x	x			x	
Veiðivötn	x	x	x				x	x
Tungnafell	x			x			x	

Zeltplätze

Jugendherbergen

Verpflegung

Wer zum Selbstkochen keine Lust verspürt, wird in Reykjavik und Akureyri ausreichend Möglichkeiten finden, Essen zu gehen. Das mannigfaltige Angebot reicht hier von der Imbißstube bis zum Luxusrestaurant.

Bevorzugte Gerichte sind Fisch und Lamm, aber ebenso werden Pizza und Hamburger angeboten. Die Preise der Speisen liegen jedoch weit über den bei uns üblichen, so daß ein Restaurantbesuch eher etwas für Reisende mit wohlgefüllten Portemonnaies ist. Ein Hamburger z. B. kostet umgerechnet 12,– DM!

Eine erfreuliche und weit verbreitete Sitte ist es dagegen, daß man in den Restaurants nur die erste Tasse Kaffee/Tee bezahlt und beliebig oft nachschenken kann.

Entlang der Ringstraße finden sich Snack-Restaurants, in denen man kleine Mahlzeiten bekommen kann.

Auf eine Liste isländischer Restaurants haben wir hier verzichtet. Eine Vielzahl von ihnen kann in dem Führer »Around Island« gefunden werden. Nur zwei Tips für Reykjavik: preiswert und gut sind das »Kokhusid« in der Laekjargata und das »Lauga-as« im Laugarasvegur beim Campingplatz, in dem man auch frühstücken kann.

Dem Selbstverpfleger mit speziellen Wünschen empfehlen wir, seine Nahrungsmittel bereits von Zuhause mitzubringen. Besonders die Alkoholfreunde sollten sich spätestens vor dem Grenzübertritt im Duty-Free-Shop in Keflavik versorgen. Die enorm teuren Spirituosen kann man nämlich nur in drei staatlichen Monopolgeschäften in Reykjavik sowie neun anderen Orten der Insel kaufen. Alkohol wird ausschließlich in lizenzierten Hotels und Restaurants ausgeschenkt. Das isländische Bier ist alkoholfrei.

An der Ringstraße gibt es in jedem Ort ein Lebensmittelgeschäft, eventuell sogar einen Supermarkt. Die Geschäfte sind montags bis freitags von 9 bis 18 Uhr mit einer einstündigen Mittagspause geöffnet. Während der Sommerzeit schließen viele Läden sonnabends; sonst sind sie an diesem Tag von 9 bis 12 Uhr geöffnet.

Da die Ortschaften Islands weit auseinanderliegen, sollte man – besonders bei Wanderungen und Fahrten in entlegene Gebiete – immer einen Vorrat an Lebensmitteln im Gepäck haben.

Obst und Gemüse bekommt man selten, und sie sind teuer, weil sie, wie die meisten anderen Lebensmittel, importiert werden müssen. Mit der billigen Wärmeenergie werden zwar mehr und mehr Treibhäuser mit landwirtschaftlichen Produkten betrieben, für die Versorgung des Landes reicht das aber noch nicht.

Ansonsten bieten die Läden alle auch in Mitteleuropa gängigen Lebensmittel. Besonders zu empfehlen ist der wohlschmeckende und sättigende quarkähnliche Skyr.

Als Hobbyfahrer auf Island

Fotografieren

Island bietet jedem Fotobegeisterten eine unendliche Fülle von Motiven, egal, ob er als Wanderer, Kletterer, Kanufahrer oder mit einem zwei- oder vierrädrigen Fahrzeug unterwegs ist.

Vulkane, Gletscher und Steilküsten, tosende Wasserfälle, reißende Flüsse und heiße Quellen bieten sich zu jeder Tageszeit in einem anderen Licht dar. Lavafelder erscheinen als gerade erstarrte Schlammassen und als moosbedeckte Buckelebenen. Da stete Witterungswechsel für Island charakteristisch sind, gibt es sowohl weite Panoramablikke bei blauklarem Himmel, als auch wolkenverhangene Berge und Nebeltage.

Beeindruckt von den Naturgewalten, sollte man den Blick für die »Kleinigkeiten« der isländischen Landschaft nicht verlieren. Versteckt zwischen den Felsen wachsen Flechten, Moose, Gräser und farbenprächtige Blumen; sie dokumentieren ihren Lebenswillen in einer lebensfeindlichen Umwelt.

Mächtige Gletscherzungen, drohende Vulkankrater und endlose Lavawüsten sind gewiß imposante Fotomotive, der Eindruck solcher Fotos kann aber

Auf der rauhen Lavaoberfläche behaupten sich nur vereinzelte widerstandsfähige Blütenpflanzen.

Säulenbasalte sind Ausdruck der rastlosen Erde auf Island.

noch verstärkt werden, wenn der spätere Betrachter eine Vorstellung von den Dimensionen der Landschaft erhält: Ein Mensch an einem Kraterrand oder ein Auto auf einer Hochebene verdeutlichen die Größenverhältnisse.

Bei der Beschreibung Islands gerät man immer wieder in die Versuchung, die Naturlandschaft hervorzuheben und darüber die dort lebenden Menschen zu vergessen. Das Leben der Isländer unter den z. T. ungünstigen Bedingungen auf dieser Insel im Nordmeer sollte den Besucher jedoch besonders interessieren. Unter Respektierung der Privatsphäre der Isländer können Fotos einen Eindruck ihrer Lebensverhältnisse vermitteln. Vielfältige Motive bieten sich an: Fischer am Hafen, Arbeiterinnen in der Fischfabrik, ein freundlicher Busfahrer, Sonnenhungrige am Tjörnes, bunte Häuserzeilen in Reykjavik oder ein einsames Gehöft.

Der Umfang der Fotoausrüstung ist nicht nur eine Geld- und Interessenfrage, er wird auch durch das Gewicht bestimmt. Wenn man Island mit dem Rucksack erkunden möchte, sollte die Ausrüstung also möglichst leicht und trotzdem noch vielseitig sein. Fotografen mit speziellen Motivwünschen – Vogelfreunde z. B. – werden nicht umhin kommen, ein Teleobjektiv mitzunehmen.

Jede Fotoausrüstung muß stoß- und schlagsicher verpackt sein.

Niemand braucht sich zu scheuen, auch bei niedrigen Temperaturen zu fotografieren. Die meisten

Kameras sind nämlich imstande, bis zu minus 20 °C eine einwandfreie Leistung zu erbringen. Für denjenigen, der unter extremen Kältebedingungen fotografieren möchte – und riskieren will, kalte Finger zu bekommen – geben wir ein paar gesonderte Tips (s. Kasten).

Den Lichtverhältnissen auf Island – klare Luft und starke ultraviolette Strahlung – angepaßt, dürfen UV- oder Skylightfilter in der Ausrüstung nicht fehlen. Sie vermindern zu heftige Blautöne und schützen zugleich das Objektiv vor Niederschlägen. Linsenputzzeug und Staubpinsel sollten immer griffbereit sein. Bei den Solfataren ist besondere Vorsicht geboten, da die Schwefeldämpfe die Kameraoptik beschädigen können.

Wegen der hohen Lichtintensität sind »langsame« Filme besonders geeignet. Der starke Wind bedingt oft kurze Verschlußzeiten zu Lasten der Tiefenschärfe. Fotofachgeschäfte gibt es nur in Reykjavik und Akureyri. Filme sind dagegen überall erhältlich. Da sie aber außerordentlich teuer sind, sollte jeder Reisende einen ausreichenden Vorrat von Zuhause mitbringen.

Tips für Fotos unter Null

- Extreme Kälte trocknet die Emulsion des Filmes aus. Das Filmmaterial wird spröde und die Gefahr, daß die Zwischenräume zwischen den einzelnen Perforationslöchern bei mechanischer Belastung reißen, nimmt zu.
  Besser ist es, wenn man den Filmtransport vor- und rückwärts behutsam mit der Hand und nicht dem Winder vornimmt.
- Beim Wechsel von der Wärme in die Kälte läßt man die Kameratasche einige Minuten offen, damit sich die Ausrüstung akklimatisieren kann.
- Wenn man von kalter Außentemperatur zur Raumtemperatur wechselt, wird die Ausrüstung in einem Plastikbeutel untergebracht und mit einem Gummiband verschlossen; nun kann sich an der Plastik-Außenhaut das Kondenswasser niederschlagen. Bei einer völlig trockenen Kamera kann es durch Gefrieren des Kondenswassers zu Funktionsstörungen kommen.
- Das Fingerspitzengefühl, mit dem der ruckfreie manuelle Transport des Films vorgenommen werden sollte, schützt auch vor elektrostatischen Entladungen, die zu feinverästelten Linienmustern auf dem Film führen können.
- Da heute zahlreiche Kameras mit elektronisch gesteuerten und somit batterieabhängigen Verschluß- und Blendensystemen arbeiten, sollte man vor der Abreise in eine kalte Region sämtliche stromabhängigen Ausrüstungsteile mit Alkali-Mangan-Batterien ausstatten. Diese Batterien haben zwar eine kürzere Lebensdauer als Silberoxyd-Zellen, doch verkraften sie niedrige Temperaturen besser.

Vögel

An vielen Stellen Islands trifft der Reisende auf riesige Nistkolonien mit Tausenden von Vögeln, ein Anblick, der sich dem Mitteleuropäer nur selten bietet und auch den weniger Interessierten begeistert und zu längerer Beobachtung verlockt.

Mehr als 200 Vogelarten sind auf Island heimisch, 80 von ihnen brüten dort.

Über das ganze Land verstreut lebt eine Vielzahl von Möwenarten: Dreizehen-, Mantel-, Sturm-, Silber-, Herings- und Lachmöwe sowie die seltene Raubmöwe auf den Breidamerkursandur.

Weiterhin gibt es zahlreiche Arten von Sperlings-, Sturm- und Watvögeln. Seeadler und Schnee-Eulen mußten wegen ihrer Seltenheit unter besonderen

Islands Küsten sind von aufgeregt kreischenden Möwen bevölkert.

Schutz gestellt werden. Ebenso wie die Falken und Krabbentaucher dürfen sie nur mit besonderer Genehmigung fotografiert werden. Polizei und Zollbehörden fahnden intensiv nach Gelegeräubern, denen empfindliche Strafen drohen.

Fast schon ein Wahrzeichen Islands ist der zu den Alken gehörende bunte Papageientaucher (isl. lundi). In riesigen Kolonien bevölkern sie die isländischen Küsten. Stundenlang kann man diesen ulkigen Gesellen zuschauen, wie sie sich in scheinbar unbeholfenem Flatterflug in die See stürzen und nach kurzer Zeit mit Nahrung an ihre Nistplätze zurückkehren. Jedes Jahr werden sie zu Tausenden mit Keschern gefangen und als Delikatesse verzehrt.

Große Kolonien bilden auch die Baßtölpel, von denen rund 50 000 auf der Insel Eldey leben.

Ein Paradies für Enten ist der Mývatn-See. 17 Arten kann man auf diesem Gewässer und seinen Flüssen beobachten; die Zahl der Enten wird auf 150 000 geschätzt. Große Eiderenten-Kolonien sind ebenfalls auf der Insel Aeldey im Isafjardardjup und beim Hof Mýrar am Dýrafjördur anzutreffen.

Auf längeren Wanderungen begegnen jedem Islandreisenden Regenbrachvögel, Goldregenpfeifer, Raben und Schneehühner.

Neben den bereits genannten Regionen gibt es noch Vogelfelsen und Nistgebiete bei Vik, Lóndrangar am Snaefellsjökull, auf den Inseln des Breidafjördur und auf Grimsey, beim Leuchtturm von Breidavik auf der Halbinsel Tjörnes und in den Klippen der Halbinsel Langanes.

Zu den Vogelfelsen der Westmänner-Inseln und der Vogelinsel Hrisey bei Olafsfjördur werden Bootsfahrten von Heimaey bzw. Dalvik aus veranstaltet. Mitunter werden in Reykjavik Rundflüge zur Insel Eldey angeboten. Die beste Jahreszeit, um Islands Vogelwelt durch Fernglas oder Fotolinse zu beobachten, ist von Mitte Mai bis Anfang August. Während der Brutzeit (von Mai bis Juni) sollte man den Nistplätzen nicht zu nahe kommen, viele Vogelarten haben keine Scheu, ihr Revier gegenüber etwaigen Eindringlingen zu verteidigen.

Reiten

Für Pferdefreunde sind die Islandponys längst ein Begriff: Als ausdauernde, zuverlässige und gutmütige Pferde haben diese kleinwüchsigen reinrassigen Tiere viele Liebhaber auf dem europäischen Kontinent. Man trifft sie hier jedoch nicht bei Sportveranstaltungen, sondern auf Reiterhöfen und als privates Reitpferd an; nicht zuletzt sind sie bei Kindern sehr beliebt.

Reitsportveranstaltungen haben auf Island nur geringe Bedeutung. Seit Jahrhunderten sind die Ponys auf der Insel Zucht- und Arbeitstiere. Besonders beim Schafabtrieb im Herbst spielen sie auch heute noch eine unentbehrliche Rolle. Die Bauern würden mit keinem anderen Fortbewegungsmittel in die unwegsamen Gegenden vordringen können, in die sich die Schafherden während des Sommers verlaufen.

Die Ponys werden das ganze Jahr über im Freien gehalten, sie sind also die rauhe Natur gewöhnt und entsprechend robust.

Auf Island wird nur schnell geritten: Im Tölt, Paß oder Trab. Der Tölt ist eine besondere Eigenart der Islandponys, ein sehr schneller und für den Reiter bequemer Schritt, den die Pferde auch über unwegsames Gelände gehen.

Auch der unerfahrene Reiter kann sich und seine Kinder diesen liebenswürdigen Pferden unbesorgt anvertrauen. Ausgesprochene Reitkleidung ist unüblich. Die Kleidung sollte nur dem isländischen Wetter angepaßt sein.

Ponys können z. B. am Laugarvatn und in Reykjahlid am Myvatn gemietet werden. Deutsche und isländische Reiseveranstalter bieten jedoch auch organisierte Ponytouren und Reiterferien an.

Struppige Islandponys beleben die herbe Schönheit der Natur. Die Isländer haben zu den Ponys ein inniges Verhältnis.

Angeln

Island ist für Hobby- und Sportangler ein Paradies. Zwar gibt es nur fünf Fischarten – Lachs, Forelle, Saibling, Aal und Stichling – die noch unverschmutzten Flüsse sind aber voll von ihnen. Schon der häufige Flußname »Laxá« deutet darauf hin.

Die Lachssaison dauert von Mitte Mai bis Ende September. Meerforellen können von Anfang Mai bis Mitte September gefischt werden, Forellen in den Flüssen von Juli bis September, in den Seen von Februar bis September.

Um die Verbreitung von Fischkrankheiten zu verhindern, müssen das mitgebrachte Angelgerät und die Angelstiefel desinfiziert sein. Bei der Einreise wird streng darauf geachtet und ein entsprechendes Zeugnis verlangt.

Da die isländischen Behörden um den Schutz der Fischbestände äußerst bemüht sind, wird immer nur eine beschränkte Zahl von Angellizenzen für einen Fluß ausgegeben. Eine rechtzeitige Anmeldung ist daher empfehlenswert. Meist sind die Lizenzen vor Ort in den Gemeinden zu erhalten. Manchmal besitzen die Bauern, deren Gehöfte an einem Fluß liegen, die Fischrechte.

Je nach Angelgewässer und Fischart schwankt der Preis für Lizenzen, das Lachsfischen ist jedenfalls das teuerste Vergnügen. Auch die Saisonzeit und einzelne Fangbestimmungen (Köderart, Mindestgröße und Zahl der Fische) sind regional verschieden.

Wer diese im Interesse des Angelsports notwendigen Hürden nimmt, wird garantiert einige Prachtexemplare von 2 – 3 kg fangen.

Als bestes Lachsgewässer der rund 60 Lachsflüsse gilt die Laxá, die aus dem Myvatn-See fließt. Angellizenzen gibt es in Reynilid/Reykjalid am See. Man braucht aber gar nicht so weit in den Nordwesten zu fahren, schon die Elidaá bei Reykjavik ist ein ausgezeichneter Lachsfluß. Zwei Drittel der Salmoniden werden in den Flüssen südwestlich von Reykjavik gefangen.

Gute Forellenseen bietet die Halbinsel Skagi. Eine Besonderheit des Thingvallavatn, des größten Binnensees des Landes, sind die kleinen Forellen »murtá« (Angellizenzen im Hotel »Valhöll« am See).

Ferner seien die Zuflüsse des Borgarfjördur, des Hunafjördur und das Ölfusa-Hvita-System (Sog, Bruara, Storalaxá) sowie der Hredavatn und der Apavatn als fischreiche Gewässer genannt.

Bedingt durch die kurzen Flußläufe ist der Fischbestand im Südosten der Insel sehr viel geringer als in anderen Regionen; nur die Skaftá ist wegen ihrer Meerforellen bekannt.

Am Strand von Saudarkrokur ist das Forellenangeln gebührenfrei.

Auskünfte über Angelmöglichkeiten, -lizenzen und -touren erteilen die örtlichen Touristenbüros sowie Stangaveidifélag Reykjavikur, Háaleitisbraut 68, Reykjavik, der Landsamband Veidifélaga, Hotel Saga, Hagatorg, Reykjavik sowie Veidival, Adalstraeti 9, Reykjavik.

Im Norden Islands, in Akureyri, leben die Menschen, wie fast überall auf der Insel, vom Reichtum des Meeres . . .

. . . 90 Prozent aller Exporte bestehen aus Fisch.

KRISTJAN
JONSSON

Das Fischen ist nicht nur wichtigste Einnahmequelle der Isländer, . . .

. . . sondern auch Sport und Freizeitbeschäftigung.

Im Hvalfjördur liegt Islands einzige Walfangstation.

Von Seilwinden gezogen gleiten die toten Wale auf eine Betonplattform hinauf, wo sie zerlegt werden.

Trotz umfangreicher Wal-Schutzgesetze ist die Jagdtradition auf Island noch immer tief verwurzelt.

Carsten Wulff, Jahrgang 50, bereist seit zwölf Jahren abgeschiedene Regionen der Erde. Vor allem zieht es ihn immer wieder nach Island, wo er zahlreiche Fotos für dieses Buch schoß.

Ortwin Pelc, Jahrgang 53, ist Historiker und verantwortlich für das ›Handbuch des Islandreisenden‹. Auf seinen ausgedehnten Nordlandreisen gilt sein besonderes Interesse der Kulturgeschichte und Landesnatur.

Anhang

Adressen

Isländisches Fremdenverkehrsamt, Raboisen 5, 2 Hamburg 1, Tel. (040) 336037
Iceland Tourist Board
– Laugavegi 3, Reykjavik, Tel. 2 74 88.
– Radhustorg 3, Akureyri, Tel. 96 – 2 44 25.
Iceland Tourist Bureau, Reykjanesbraut 6, Reykjavik, Tel. 2 58 55.
Icelandic Youth Hostels Association, Laufasvegur 41, Reykjavik, Tel. 2 49 50.
Ferdafelag Islands (Touristenclub Islands), Öldugata 3, Reykjavik, Tel. 1 95 33.
Büros auch in Akureyri, Saudakrokur und Isafjördur.
Sagaland, Laufasvegur 2, Reykjavik, Tel. 28633 (Tips und Touren)

Reiseinformationen geben auch die Büros der isländischen Fluggesellschaften in Europa.
Botschaft der Bundesrepublik Deutschland, Tungata 18, Reykjavik, Tel. 1 95 35/6.
Konsulate:
Hafnastraeti 90, Akureyri, Tel. 1 10 71.
Tungata 12, Seydisfjördur, Tel. 112.
Polgata 8, Isafjördur, Tel. 30 05.
Faxastigur 1, Heimaey, Tel. 11 94.
Botschaft Österreichs, Austurstraeti 17, Reykjavik, Tel. 2 40 16.
Botschaft der Schweiz, Austurstraeti 6, Tel. 2 42 09.

Bücher

Im folgenden geben wir eine Auswahl von Island-Büchern, die wir empfehlen können. Weitere, vor allem ältere Literatur, findet sich in Bibliotheken und öffentlichen Bücherhallen.

ISLAND. Merian-Heft. Hamburg, DM 9,80.
(Stimmungsvolle Landesschilderungen)

Werner Schutzbach: ISLAND. Feuerinsel am Polarkreis. Bonn 1976.
(Ausführliche Beschreibung besonders der Geschichte und Geologie Islands)

ISLAND. Polyglott-Reiseführer. München 1984, DM 6,80.
(Knappe Landes- und Routenbeschreibung)

Lisa Steppe: ISLAND. Erwandertes Europa. Edition Weltkultur, Berlin 1983, DM 14,80. (Wandertouren)

Gudrun Marie Hanneck-Kloes: ISLAND. Ein Landschafts- und Erlebnisführer für Individualreisende. 1983, DM 24,–. (Tips und Touren)

Matthias Koglbauer: ISLANDSOMMER. Wien 1982, DM 28,–.
(Impressionen und Erlebnisse auf Island)

Martin Schwarzbach: GEOLOGENFAHRTEN IN ISLAND. 1983, DM 14,80.

Fritz Schalkhausser: FUNDSTELLEN VON MINERALIEN UND FOSSILIEN IN ISLAND. München 1981, DM 15,–.

Hermann Vögeli, Ursula Rausch, Heinrich Wettstein: ISLAND, Zürich 1978, DM 88,–. (Ein Bildband)

Uwe Seidel, Conrad Contzen: ICH BIN FEUER, WASSER, FELS UND ERDE. DM 22,80. (Ein Bildband)

Moderne Erzähler der Welt: ISLAND, 1974, DM 28,–.

Halldor Laxness: Zahlreiche Romane und Erzählungen über das Leben auf Island.

Kurt Schier (Hg.): MÄRCHEN AUS ISLAND. Köln 1983, DM 29,80.

Klaus D. Francke: ISLAND, Köln 1985, DM 86,– (Ein Bildband).

Walter Hansen: ASGARD. Entdeckungsfahrt in die germanische Götterwelt, Bergisch-Gladbach 1985, DM 36,–.

Auch auf Island erscheinen deutschsprachige Bücher. Besonders zu empfehlen sind:

Hjalmar R. Bardarson: EIS UND FEUER. 2. Aufl. 1980, DM 35,–. (Ein Bildband)

Hjalmar R. Bardarson: ISLAND. Porträt des Landes und Volkes, DM 140,–.

Beide Bücher sind in isländischen Buchhandlungen und bei H. R. Bardarson, P. O. Box 998, Reykjavik, zu erhalten.

Max Schmid: ISLAND – Exotik des Nordens, 1985, DM 58,– (Ein Bildband).

Bei den Touristeninformationen und Reisebüros auf Island ist die kostenlose Broschüre »Around Iceland« erhältlich (Beschreibung von Regionen und Orten, Karten, allgemeine Reisetips, Unterkünfte, Restaurants, Veranstaltungen).

KARTEN von Island gibt es im Maßstab 1:750 000 und 1:500 000. Die Karte 1:250 000 besteht aus neun Blättern. Von einigen Gebieten sind auch Spezialkarten 1:50 000 und 1:25 000 erhältlich. Die Karten beruhen z. T. auf sehr alten Vermessungen, man kann sich auf sie deshalb nur bedingt verlassen. Viel preisgünstiger erhält man das Kartenmaterial auf Island, in Buchhandlungen sowie bei Landmaelingar Islands, Laugavegi 178, Reykjavik. Zu empfehlen ist ebenso das Vegahandbokin (Iceland Road Map), ca. DM 60,–, in dem in englischer Sprache alle Straßen detailliert beschrieben werden.